회 원 · 제30집

가 람	강기주	강덕순	강동기	강신기
강용숙	강인숙	강정식	강춘기	고산지
공정식	곽광택	곽병희	곽종철	구춘지
권순악	권영억	권영춘	권영호	권오견
금동건	기 청	김건배	김관식	김기순
김낙연	김남구	김동선	김문배	김병영

(사)한국시인연대

김병철	 김복만	 김복성	 김봉겸	 김부치
 김서연	 김석태	 김선옥	 김선우	 김성일
 김성화	 김순녀	 김순희	 김연하	 김영천
 김용길	 김우연	 김인식	 김일성	 김일훈
 김종기	 김진태	 김태자	 김현철	 김현태

김훈동	노민환	노연희	노정애	노준현

회원·제30집

| 도경회 |  류순자 |  류재상 |  리창근 |  모상철 |

| 문인선 |  민병일 |  박근모 |  박달재 |  박대순 |

| 박래흥 |  박명희 |  박미자 |  박민정 |  박병성 |

| 박병수 |  박상렬 |  박상진 |  박서정 |  박순자 |

| 박연희 |  박영숙 |  박영순 |  박영춘 |  박일소 |

| 박준상 |  박진남 |  박찬홍 |  박행옥 |  박현조 |

(사)한국시인연대

박화배	박희익	배동현	배종숙	백덕순
변보연	서원생	서정원	석연화	성진숙
손귀례	손수여	손순자	손진명	송봉현
신동호	신사봉	신선진	신영옥	신영운
신윤호	심종은	안병민	안숙자	안연옥

양지숙　엄원용　여학구　오낙율　오병욱

회원 · 제30집

오재열	우태훈	원수연	유경환	유나영
유양업	유인종	유정미	윤명학	윤한걸
윤희로	이근모	이근우	이기종	이만수
이명우	이목훈	이병철	이상익	이성남
이양자	이영례	이용부	이우재	이은협
이인오	이재곤	이재성	이재흥	이전안

(사)한국시인연대

회 원 · 제30집

정윤숙	정정순	정주이	정진덕	정진홍
정찬우	정홍도	정홍성	정희원	조경순
조병서	조성학	조연탁	조재순	조재화
조정일	조주현	조혜식	조홍규	지한주
지현경	진명희	진진욱	차경섭	채규판
채명호	채선엽	채수황	최경순	최광호

(사)한국시인연대

최동열	최영순	최유진	최정수	최정숙
최정순	최주식	최중환	최진만	최창일
최춘남	최태석	최형윤	추영호	편 문
표애자	하성용	한병윤	한 빈	허만길
현영희	현종길	현형수	홍경자	홍경흠
홍계숙	황경엽	황귀옥	황조한	황현동

(사)한국시인연대 2020

한국시인연대 사화집 제30집

한강의 미학 美學

한강

발간사

(사)한국시인연대 사화집 제30집을 발간하며

　(사)한국시인연대가 1991년 사화집 제1집 『한강의 새아침』을 시작으로 올해 제30집 『한강의 미학』을 발간하게 되었습니다.
　이는 일천여 명 회원 여러분께서 좋은 시詩로 참여하여 주셨고, 이에 많은 독자분들의 응원의 박수가 있었기에 오늘의 시문학사에 큰 발자취를 남길 수 있게 되었다 생각합니다.
　(사)한국시인연대가 대한민국의 대표 시인 단체로 활동할 수 있었던 것은 월간 《문학공간》을 33년간 이끌어 오신 (사)한국문화예술연대 최광호 이사장님의 뜨거운 열정이 있었기 때문입니다. 앞으로도 한국시인연대는 (사)한국문화예술연대의 시분과로서 시문학의 발전과 회원의 친목과 권익을 위해 노력해 나아갈 것입니다.
　금년에도 기한 내 제출된 241인의 원고만을 편집하는 아쉬움이 있었습니다.
　이제 앞으로는 더 많은 분들의 참여로 두 권 이상의 풍성한 사화집이 되기를 기대해 봅니다. 또한 한국시인연대에서 발간하는 사화집이 한국 대표 시인들의 역사적인 발표의 장이 되고, 독자분들의 많은 사랑이 있기를 기대해 봅니다.
 요즘 신종어 중에 '코로나 블루'란 어휘가 있습니다. 코로나19와 우울함(Blue)의 합성어로 코로나19 확산에 따른 일상의 제약에서 오는 우울감과 무력감을 나타내는 말입니다.
 이런 코로나 블루 시대 무력한 인간의 심성을 어루만지는 시문학의 서정적 언어가 어느 때보다 절실히 필요하지 않을까 하는 생각을 해봅니다. 이에 이번 사화집이 코로나19로 지쳐 있는 모든 이에게 작은 위로가 되었으면 합니다.
 아무쪼록 (사)한국시인연대 회원 여러분의 끊임없는 관심과 아낌없는 후원과 열정으로 우리 연대가 보다 발전하기를 바랍니다.
 언제나 건필하시고 가내 행복이 같이하시기를 기원드립니다.

2020년 12월
(사)한국시인연대 회장 박현조

목차

발간사　박현조

가　람　경고 외 1편/ 23
강기주　화개동 편지 외 1편/ 25
강덕순　상사화 외 1편/ 27
강동기　밀양에 살으리랏다 외 1편/ 29
강신기　하루를 보내며 외 1편/ 32
강용숙　꽃 피는 가을 외 1편/ 34
강인숙　석양 풍경 외 1편/ 36
강정식　아침에 외 1편/ 38
강춘기　아내에게 외 1편/ 40
고산지　유슬람의 고백 외 1편/ 43
공정식　소녀상 앞에서/ 46
곽광택　마음의 창 외 1편/ 48
곽병희　둔치 외 1편/ 50
곽종철　내 삶을 물으면 외 1편/ 52
구춘지　허수아비 · 2 외 1편/ 54
권순악　추억의 장작불 외 1편/ 56
권영억　산다는 것은 무엇인가 외 1편/ 58
권영춘　금동미륵보살반가사유상 외 1편/ 60
권영호　단상 · 3 외 1편/ 62
권오견　밥상을 위하여 외 1편/ 64
금동건　아버지란 외 1편/ 66
기　청　홍수와 나비 외 1편/ 68
김건배　인연 외 1편/ 71
김관식　맹꽁이 외 1편/ 73
김기순　강물에 잠긴 노을 외 1편/ 75
김낙연　광한루 환상 외 1편/ 77
김남구　선자령 오르는 길 외 1편/ 79
김동선　구름처럼 외 1편/ 81
김문배　첫눈 내리는 밤 외 1편/ 83

(사)한국시인연대

85 /삶은 뜬구름 외 1편　김병영
87 /이 나이에 행복·2 외 1편　김병철
89 /춘화현상 외 1편　김복만
91 /치열한 옹벽 외 1편　김복성
93 /소인국 풍경 외 1편　김봉겸
95 /낙화암의 눈물 외 1편　김부치
97 /가을 어느 날의 오후 외 1편　김서연
99 /은행잎 날리는 점촌거리 외 1편　김석태
101 /어머니 미소 외 1편　김선옥
103 /흙에서 캔 나의 노래 외 1편　김선우
105 /은빛 진주의 슬픔 외 1편　김성일
107 /봄의 시샘 외 1편　김성화
109 /추석날 외 1편　김순녀
111 /구름 외 1편　김순희
113 /구름의 집 외 1편　김연하
115 /소리는 게으르다 외 1편　김영천
117 /보슬비 오는 날을 외 1편　김용길
119 /코로나 이후 외 1편　김우연
121 /누가 빈 의자라고 하더냐 외 1편　김인식
124 /숲의 전쟁 외 1편　김일성
126 /집시 외 1편　김일훈
128 /늦봄을 맞는 사설 외 1편　김종기
130 /빈 의자 외 1편　김진태
132 /어느 날 외 1편　김태자
134 /가을비 외 1편　김현철
136 /밀가루 반죽 외 1편　김현태
138 /나이 들면 다 그래 외 1편　김훈동
140 /세상살이 외 1편　노민환
142 /아내 외 1편　노연희
144 /지구를 향한 빛　노정애
146 /반려자 외 1편　노준현

목차

도경회	우수절에	외 1편/ 148
류순자	오늘	외 1편/ 150
류재상	제비꽃 당신	외 1편/ 152
리창근	꽃불 붙은 황매산黃梅山	외 1편/ 154
모상철	새 달력을 걸며	외 1편/ 156
문인선	거류시인 만평매화원	외 1편/ 158
민병일	가을비	외 1편/ 160
박근모	첫사랑	외 1편/ 162
박달재	강천산 산채 비빔밥	외 1편/ 164
박대순	야바위꾼·1	외 1편/ 166
박래흥	봄꽃 따라 임에게	외 1편/ 168
박명희	봄 그리고 봄	외 1편/ 170
박미자	담쟁이·3	외 1편/ 172
박민정	허공에 쓰는 편지	외 1편/ 174
박병성	가을이 걱정이다·1	외 1편/ 176
박병수	이양의 계절	외 1편/ 178
박상렬	능금	외 1편/ 180
박상진	고임돌	외 1편/ 182
박서정	내 마음	외 1편/ 184
박순자	맥문동 연가	외 1편/ 186
박연희	인연을 위해	외 1편/ 188
박영숙	산다는 것은	외 1편/ 190
박영순	부러워하지 않으리	외 1편/ 192
박영춘	화두	외 1편/ 194
박일소	빨간 마후라 된 첫사랑	외 1편/ 196
박준상	그림자·299	외 1편/ 198
박진남	그리움의 시	외 1편/ 200
박찬흥	가을 수채화	외 1편/ 202
박행옥	숨고 싶어라	외 1편/ 204
박현조	걸레가 꽃이 될 때까지	외 1편/ 206
박화배	협연	외 1편/ 208

211 /바람 외 1편	박희익	
213 /하절기도 가고 있네요 외 1편	배동현	
215 /장미 외 1편	배종숙	
217 /아들의 여자 외 1편	백덕순	
219 /연화 외 1편	변보연	
221 /반딧불에 대한 기억 외 1편	서원생	
224 /노숙자 외 1편	서정원	
226 /붓다의 꽃 외 1편	석연화	
228 /참 오래되었나 봐요 외 1편	성진숙	
230 /지성이에게 외 1편	손귀례	
232 /가시연 외 1편	손수여	
234 /거미 외 1편	손순자	
236 /산이 좋아서 외 1편	손진명	
239 /매질 외 1편	송봉현	
241 /코로나 올여름 외 1편	신동호	
244 /코로나19 외 1편	신사봉	
246 /진선미 외 1편	신선진	
248 /내가 넘은 굴뚝재 외 1편	신영옥	
250 /하얀 눈을 기다리며 외 1편	신영운	
252 /인생 지침서 외 1편	신윤호	
255 /유월이 외 1편	심종은	
258 /비와 사랑 외 1편	안병민	
260 /꽃이기에 아름답다 외 1편	안숙자	
262 /끙끙 외 1편	안연옥	
264 /달리아·1 외 1편	양지숙	
266 /꽃 외 1편	엄원용	
268 /경자 게시판 외 1편	여학구	
270 /나비와 민들레 외 1편	오낙율	
272 /더듬어 본다 외 1편	오병욱	
274 /설 외 1편	오재열	
276 /파랑새 날아다니다 외 1편	우태훈	

(사)한국시인연대

목차

원수연	구름은 가고 외 1편/	278
유경환	동자바위의 노래 외 1편/	280
유나영	봄의 이야기 외 1편/	283
유양업	생태계 호소 외 1편/	286
유인종	바라나시의 순례자 외 1편/	289
유정미	그대 그림자에 그리움을 새기고 외 1편/	291
윤명학	인생 역 외 1편/	293
윤한걸	나는 누구인가·210 외 1편/	295
윤희로	석화 외 1편/	298
이근모	봄비 외 1편/	300
이근우	시간의 덫에 갇혀 외 1편/	302
이기종	설매 외 1편/	304
이만수	홍시 외 1편/	306
이명우	산골 풍경·977 외 1편/	308
이목훈	반가운 손님 외 1편/	310
이병철	무더위 외 1편/	312
이상익	불면증 외 1편/	314
이성남	유체이탈 외 1편/	316
이양자	방탄소년단 외 1편/	318
이영례	하늘 외 1편/	321
이용부	미래 AI의 문인들의 창의성 외 1편/	323
이우재	한국전 참전 용사·1 외 1편/	325
이은협	그리움 외 1편/	327
이인오	개떡 자매 외 1편/	330
이재곤	근황 외 1편/	332
이재성	졸업 외 1편/	334
이재흥	하늘 향내 외 1편/	336
이전안	세월의 강 외 1편/	338
이정님^{이룻}	무심한 사람아 외 1편/	340
이종문	명상 외 1편/	342
이종수	초혼/	344

347 /ㅁ과 ㅇ 사이 외 1편	이지선	
349 /파도 외 1편	이지언	
351 /고란 외 1편	이진석	
353 /눈물 외 1편	이진순	
355 /자유 청바지 외 1편	이처기	
357 /휴식 외 1편	이한식	
359 /흐뭇한 날 외 1편	임양수	
361 /무릉도원 가까인가 외 1편	임제훈	
363 /초승달 외 1편	임　향	
365 /갈대의 축제 외 1편	장동석	
367 /잡초의 변 외 1편	장문영	
369 /걷고 또 걷자 외 1편	장병민	
371 /영광 굴비 외 1편	장영규	
373 /계절 외 1편	장인숙	
375 /달·달 얼굴 외 1편	장현기	
377 /땅이 살아야 합니다 외 1편	전관표	
379 /아버지의 흔적 외 1편	전병철	
381 /아랫목의 여운 외 1편	전순선	
383 /옥수수 외 1편	전윤동	
385 /일기장을 넘기며 외 1편	전현하	
387 /농주 한잔이 시가 되어 외 1편	정동수	
389 /날개를 팔딱거리며 날아가자 외 1편	정득복	
391 /언제나 외 1편	정상원	
393 /홍시·3 외 1편	정성완	
395 /계절이 바뀔 적마다 외 1편	정성채	
398 /나사 외 1편	정순영	
400 /시와 나 외 1편	정영의	
402 /봄·3 외 1편	정윤숙	
404 /거무구안 외 1편	정정순	
406 /향수 외 1편	정주이	
409 /사막과 낙타 외 1편	정진덕	

(사)한국시인연대

목차

정진홍	유년의 강물 외 1편/ 411
정찬우	하늘은 내게 외 1편/ 413
정홍도	청산도 바람을 만나다 외 1편/ 415
정홍성	야생화·1 외 1편/ 417
정희원	입동立冬 외 1편/ 419
조경순	이주 민들레 외 1편/ 421
조병서	만추 외 1편/ 423
조성학	그저 웃기오 외 1편/ 425
조연탁	겨레의 시 외 1편/ 427
조재순	그림자 외 1편/ 429
조재화	지금 외 1편/ 431
조정일	노승 외 1편/ 433
조주현	해당화 외 1편/ 436
조혜식	이 땅의 아침에 외 1편/ 438
조홍규	하다가도 외 1편/ 440
지한주	계절이 머물다 간 자리 외 1편/ 442
지현경	내 나이 74세 외 1편/ 444
진명희	흔들린다는 것 외 1편/ 446
진진욱	아침 바다 외 1편/ 448
차경섭	우리 금강산·1 외 1편/ 450
채규판	선의 소묘 외 1편/ 452
채명호	총선 후유증 외 1편/ 454
채선엽	연둣빛 보석 외 1편/ 456
채수황	황혼의 바다 외 1편/ 459
최경순	명사십리 1983 외 1편/ 461
최광호	그리움 외 1편/ 463
최동열	언텍트 시대 외 1편/ 465
최영순	고요의 경 외 1편/ 468
최완욱	외설 외 1편/ 470
최유진	흐름의 미학 외 1편/ 472
최정수	말차 외 1편/ 474

476 /가을 서곡 외 1편　최정숙
478 /낙엽·1 외 1편　최정순
480 /흩어진다 밥알들 외 1편　최주식
482 /노을빛 사랑 외 1편　최중환
484 /코로나19 외 1편　최진만
486 /멋진 바보 외 1편　최창일
488 /유년의 일기장 외 1편　최춘남
490 /각시탈 외 1편　최태석
492 /길목에서 외 1편　최형윤
494 /산사의 오후 외 1편　추영호
496 /비랑 외 1편　편　문
499 /아버지 사랑 외 1편　표애자
501 /현대판 재난 외 1편　하성용
503 /발 외 1편　한병윤
505 /지조 외 1편　한　빈
507 /아내 생각 외 1편　허만길
510 /네가 커피가 된다 외 1편　현영희
512 /연수사 서탑 외 1편　현종길
514 /풀꽃 외 1편　현형수
516 /춘화현상으로 승화된 열매를 외 1편　홍경자
518 /전기밥솥 외 1편　홍경흠
520 /주문진 갈매기 외 1편　홍계숙
522 /두레박을 찾습니다 외 1편　황경엽
524 /수양버들 외 1편　황귀옥
526 /종이 상자 외 1편　황조한
528 /가는 세월 외 1편　황현동

한국시인연대상 운영에 관한 세칙
한국시인연대 제15대 임원

(사)한국시인연대 2020

한국시인연대 사화집 제30집

한강의 미학(美學)

경고 외 1편

가 람

나는
당신을 잡아먹는 바이러스다
놀라긴…
너희들은 지구를 잡아먹잖아…
만물영장?
다른 종들이 인정한 적 있어?
태곳적부터 우린 함께 살아왔어
나를 백신으로 잡는다고?
어리석은 짓하지 말어
너희들이 변하는 만큼 우리도 변해
콜록거리는 감기 하나 못 잡잖아
푸른 별 지구는
너희들의 전유물이 아니야
생태계 파괴로 이미 수천 종이 사라졌어
사라져야 할 다음 차례는 누구지?
경고하면서 조용히 지켜볼게
더 늦기 전에 자연을 사랑하고
모든 종들을 사랑해 보라구
정작 악성 바이러스는 너희들이야.

초독 · 11

12 봉우리 산너울에는
시시각각으로 변하는 물안개가 피어오르고
토닥토닥 소슬히 내리는 빗소리를 들으며
산장 정자에 앉아 막걸리를 들이키는데
안주는 별거 없고 푸성귀와 김치가 전부다
산해진미를 탐하지 않고
부귀영화를 바라지 않는 마음은 저절로 편하다
세속의 시끄러움도, 창궐하는 병마도
자업자득의 부끄러움들이 만든 것
한 잔 술의 즐거움만 못하다
백년을 살 것 같이 아웅거리면 비린내가 나고
인륜을 거스르고 살면 후회만 한짐 지고 간다
물욕으로부터의 해방을 느껴 보지 못한 자
참살이의 가치를 모르고 사는 어리석은 자
시간이 기다려 줄 것을 바라지 말라
시한부 한평생에 마음으로만 이상을 바라는가
참살이, 살아 있는 행복은 멀리 있지 않다
아직도 자연은 베풀고, 물안개처럼 삶은 가는데
죽을 때까지 삶의 의미를 못 찾는다면
살아도 산 것이 아니다.

화개동 편지 외 1편

강 기 주

낙엽이 굴러도
가을은 여유롭다

숨가쁜 세상사
벗어 놓고 골에 드니

산천은
제 모습 모습
사람임이 부끄럽다.

연등골에서

연등골 나무들은
느낌으로 말하네
낯선 이 반겨 주는
물소리 새소리도
꽃맘을 다독이다 말고
햇살 가득 등을 다네

흰 구름도 가벼이
걸쳐 있는 산봉우리
바람이 불어도
탓 않는 너네 모습
가식의 옷을 벗고서
손을 모아 봅니다.

상사화 외 1편

강 | 덕 | 순

우리는
언제쯤 만날 수 있을까
서로가 엇갈린 운명
무엇이 바쁜지
서로 만날 수가 없다
꽃이 그리워하면 잎이 없고
잎이 그리워하면 꽃이 없다
서로가 서로를 배려하는 걸까
가슴만 태우는 이 지독한 운명
그리워서 그리워서
속울음만 태우고 있다
서로의 삶 위해
기도해 줘야지
그 누가 알아 줄까
그리워도 보고파도
참고 견디는 수밖에
세상사 모든 게 뜻대로 맘대로 되는 게 없지
너는 나를 나는 너를 그리워하며
마냥 사는 거지 뭐.

쓰레기 자원

버려진 쓰레기
다시 보자
쓰레기에서 꽃이 핀다
티셔츠 만들어 준 페트병
우유병이 물조리개 만들어 주고
플라스틱 쓰레기가 스포츠용 점퍼가 되고
스틱 캔이 세탁기가 되고
알루미늄 캔이 자전거 된다
푸대접 받는 쓰레기
다시 보면 훌륭한 자원
한 번 더 생각하고
분리수거하자.

밀양에 살으리랏다 외 1편

강│동│기

아랑의 정순 향기
달빛 아래 어리고
표충사 그윽한 풍경 소리
애잔하게 들리면
춘심을 못 이기는 듯
두견이도 울어 예네

축복의 미리벌
밀양아리랑 울려 퍼지면
길 가던 나그네
장단 맞춰 덩실덩실 춤추고
삶의 맛 삶의 뜻
생기 돋아나네

살아 천년 죽어 천년
주목朱木이 부러워하듯
영남루 인고의 세월 속에
수려한 자태 뽐내며
남천강 굽이굽이
충효 기상 유유히 흐르는 곳

세월이 변해도 시대가 변해도
산은 산대로 물은 물대로
근본이 변하지 않은

추로지향의 고을
석양은 물들어 강산 아래 비치고
지덕정신 살아 움직이는 여기 이곳

아리 아리랑
쓰리 쓰리랑
밀양에 살으리랏다.

그리워라 달바위※
—한 병상에서 어린 시절을 회상함

달나라 계수나무 아래
절구통 방아 찧는 토끼 연상되는
어머니 손결같이 부드럽고 포근한 그곳
오늘은 이 산 내일은 저 산
어릴 적 소 먹이러 다니던 그 동무들
지금은 어디서 무엇을 할까
보고파라 보고파

강산은 변함 없는데
해맑은 그 모습 어디로 가고
백발만 남았으니 세월 앞에 장사 없구나
가는 곳 어디메든
고향의 향기 지울 수 없도다
노을이 물들어 가는 서쪽 하늘 바라보며
향수에 젖어 본다

수호신 정자나무 아래
후한 인심 넉넉한 마음
운치 있는 한 폭의 풍경화 상기되는 그곳
휘영청 달 밝은 밤
할머니 품에 안겨 옛날이야기 듣던 그 시절
그리워라 그리워 돌아갈 수 없을까.

※달바위: 시인의 고향 진주, 월암月岩의 순우리말

하루를 보내며 외 1편

강│신│기

먼 데서부터
하루가 밤으로
어둠이 안개처럼 내려오면
하루를 태운 태양은
황홀한 석양으로 물들이고

허락받은 하루의 삶
소진하고 나면
힘빠진 어깨
뼈마디 아파

거부할 수 없는 순종
바람을 따라
한 마리 새 되어 하루를 탈출한다

자유 자유여.

오늘이 가면

오늘이 가면
그날이
언제가 될지
모르고 사는
오늘

저만큼
헤어짐의 문 앞에서
살아 있음이 그저 감사해

세상 앞에
바람에 밀려가는
어디인지 모르는
끝자락에 서서

힘들었던 뒤 돌아보고
한 줄 그어 놓고
고된 몸 부린다.

꽃 피는 가을 외 1편

강 용 숙

연년이 이때가 오면
나를 그리워하는 그 여인들이
꽃 지붕 새로이 덮고
꽃 비단 오솔길에
꽃 양산 들고 기다리지만은

그 순진한 그들은
이 몸 이렇게 된 것 모르고
내 이야기 듣고 싶어
오늘도 그곳에 서서
내가 다니는 길만 보고 있을 텐데

기다리다 지친 그이들은
내 집 마당 늙은 감나무 찾아와
꽃 산 만들며 익힌 감 툇마루에 앉은 나에게
꽃 새들이 쪼개며 주게 하는
꽃 피는 가을이 한없이 고마워지네!

꽃 피우고 지워도

이 세상 삶을 모른 채
소생한 몸
삶을 위해 살다보니
이 산길에
잎 다 지운 낙엽수 몸체가 되었고

잎 솟구며 그늘 만들고
꽃 피워 열매 맺어도
그 무엇의 하나도 지니지 못한 몸
이 산봉에 와 토해 가니
누가 볼까 운무가 산천을 가려 주고

이제 그 어디에 가도
이 단풍 꽃 같은 방석 놓으며
기꺼이 반겨 줄 이들 있을까
꽃 피우고 지워도
열매 하나 품지 못하는 꽃나무 삶이었네.

석양 풍경 외 1편

강 | 인 | 숙

칭칭 동여맨 속마음
풀어 놓고서
적멸에 들고 있다

협곡의 세 바위산 꼭대기
맘 저린 구름 혼자 긴 다리로 누웠다
젖 아이 몸 냄새 같은
장미꽃 붉은 길

먼 세상 같은 어제가
향기로 웃는 저만치의 거리
그 누구도 없는
강 하나 흐르고 있다

엷은 바람 자락으로도 난
가까이 갈 수 없다
숨겨진 골짜기로 내려와
흰머릴 폭포수로 풀어 내리고 있다
마냥 물소리로 울고 싶다.

물망초

초롱초롱 맺혀 있는
남빛 눈물마다 꽃받침 속
드러내지 못한 그리움 있다

맑아, 자꾸만 맑아져서
물속처럼 들여다보여지는 시간
그늘 드리워진 가슴 위로도
세월은 가고 있다

여름비는 오고
물가에 앉은 풀색 애달픔
투명한 비닐 대나무 우산에
빗물 얹어 올 그 길
푸르게 빗질해 놓았다

더는 맺혀 있지 못하고
떨어질 눈물처럼
꽃망울 터뜨릴 때쯤이면
들리지 않는 그 발자국 소리에
울고 말 기다림 있다.

아침에 외 1편

강 정 식

눈을 뜨자마자
어젯밤에 꾼
꿈 이야기를 나눌 이가
주변에 있었으면 참 좋으련만
그분이 누구이든간에
그러면
오늘밤에 꿀 꿈도
악몽이든 길몽이든간에
해몽도 듣고
히히히 웃을 텐데.

단추를 달며

떨어진
단추를 단다

첫 단추를 잘못 달면
끝 단추 구멍이 맞지 않는다

손놀림이 어색해서
잘되지 않는다

혼자 배운 건데 뭐
자위로 여긴다

옷은 떨어져도 단추는 붙어 있게
단단히 달아야지 쓸모가
없다 해도
나처럼.

아내에게 외 1편

강│춘│기

여보 당신이
산수傘壽(80세)의 문에 들어서면서
낱말을 많이 잊었다가
몇 시간, 며칠 뒤에 생각해 내는데

당신은
성경 구절도 잘 외웠었고
암산도 잘했었는데
그것을 보고 있으려면
짠하고 애처롭소
가난한 나에게로 시집와서
당신 고생시킨 죄가 큰 것 같아
나는 미안하고 가슴이 아프오

기억력 소멸되는 것 회복하려고
잃어버린 건과류와 채소의 이름과 일상의 낱말들
'우리나라를 빛낸 100인의 위인'이란 노래를
외워 보고 또 외워 보며 기억해 내려는 노력이
눈물겹도록 고맙기만 하오

인지능력검사에서 치매는 아니라니
고맙고 감사한 일이오
노망은 하지 않기를
중풍으로 쓰러지지 않기를

자식들에게 짐이 되지 않도록

곱게 늙어 가다가
매화 꽃잎 떨어지듯
조용히 삶을 놓고
돌아갈 집으로
손잡고 갑시다.

백로

흰 이슬 햇빛이 삼켜 버린 시간

털매미는 가는 세월 아쉬워
이른 아침부터 나뭇등걸 애무하며
안식과 자유로운 시간을 찾고 있네

고추잠자리는 허공에 누워 당싯당싯 춤추는 것은
꾀음꾀음 없이 살아온 삶이
아름다운 세상인 걸 속일 수 없어
한 세상 기쁘겐 못 했어도 고맙다는 인사라네

고운 님 가시던 날
귀뚜라미 울음소리 슬프고
귀여운 아기 태어나던 날 밤
닫힌 귀 열려 젖내를 맡고 있네

햇빛이 토해 내는 이슬이
고요히 꽃잎에 앉네.

유슬람의 고백 외 1편

고 산 지

다음 세대는 달라야 하네
나보다 나아야 하네
그렇게 말은 하고 있지만
생각만은 나와 같기를 원했네

가난을 경험하지 못한
결핍을 느껴 보지 못한
아들은 나와 생각이 달랐네
아날로그에서 디지털로 변해 가는 세상

업그레이드 되지 못해
자식만 바라보는 나는 유슬람
아들은 다른 세대가 되어
새로운 시대를 열고 있는데

호롱불 모르고
보릿고개 알지 못한 자식에게
"왕년의 나는" "니가 무얼 안다고"
씹선비 꼰대질로 부아만 돋구었네

멘토가 되지 못한 애비의 잔소리
펑크 난 권위權威를
주의主義 앞에 세워 놓고
내가 옳음 내세우며

주야장천晝夜長川 설교하네

심은 대로 거두고
보는 대로 생각하며
생각대로 세상은 변화를 하고 있네
위즈위그WYSIWYG! 위즈위그!

선한 자유

다섯 달란트 맡은 자
다섯 달란트를 사용하고

두 달란트 맡은 자
두 달란트를 사용하고
맡은 달란트로 이윤을 창출하네

게으름을 피우면 공정하지 않기에
가진 것 빼앗기네. 나락으로 떨어지네

기울어진 추가 운동장을 지배하면
과점에 비례하여 빈부차도 심화되네

공평만 주장하면 공정이 위축되고
평등만 주장하면 자유가 사라지네

공정과 공평이 서로를 보완하고
자유와 평등이 균형을 이룰 때

선한 자유가 평등을 만들어
기울어진 세상
복원되기 시작하네.

소녀상 앞에서

공 정 식

나라와
민족을 위하여
희생한 한恨 많은 역사歷史
당신의 피눈물은
강江을 이루고
한恨에 찬 가슴은
산山을 이루고
청산靑山에 홀로
망부석으로
원한의 영혼이시여!

천인공노天人共怒할 왜구의 총칼에
시달리고 밟히면
꽃다운 육신 갈가리도 찢어 놓고
살육이 넋이 된 채
피바다 헤맬 때
그— 어느 뉘가
이 어린 꽃잎을 기억이나 하랴

무심한
역사는 말 한마디 없이
천년 만년 흘러도
지울 수 없는 우리 민족 원한…

기억도 말도 하고 싶지 않다
36년 몸서리치는 역사
오늘도 망각의 늪에서 울고 있다

왜구들 너희는
무릎 꿇고 빌어도
시원치 않는 이 한을
너는 무엇으로 어떻게 할 것인가

아! 가련한 꽃이여!
이 강산 다 변해도
영원토록 보존하리라.

마음의 창 외 1편

곽 광 택

그대의 그리움이
은하수처럼 아름다우면
맑은 눈동자 웃음 짓고

그대의 그리움이
한 잎 두 잎 쌓이면
부드러운 손으로
기쁘게 두드리라

그대의 그리움이
꽃구름 되면 훨훨
하늘나라 가도록
축복 기도하리라

그대의 마음의 창을
펼쳐 보이게 하소서.

그대 눈빛

그대
아름다운 얼굴
그대 눈빛

내 마음에 젖어
포근하며 달콤한 사랑
멋진 미소

내 가슴에 와닿는
무지갯빛 사랑
영원히 나누고 싶은
행복의 밤

목마른 그대 영혼
그대 눈빛
아름다워라.

둔치 외 1편

곽│병│희

강물이 아직 미치지 못하니 언뜻 보면 영락없는 한량이네
수양버들이 듬성듬성 살고 잡풀도 우거지다가
부지런한 농부의 손길에 농작물 자리가 되기도 한다네
관공서의 눈살미에 운동기구들이 살기도 하지만 말이네
그러나 강물의 분노의 수위가 최대치를 넘어오는
그 일탈을 기다린다네
품안의 새끼들을 몽땅 내어주면서 제방 밖을 안심시키는
안보의 보루, 예비군임을 잊지 않는다네
조연이 있어 주연이 더욱 빛나는 강변에서 용서를 키워 보네.

분화구들

　마그마를 몸 안에 가지고 있는 사람들, 바지에 순간순간 용암을 분출한다 등성이의 붉은 마음들이 지나간 자리 용암의 부스러기를 발걸음에 채이게 한 화염이 주위를 진동시킨다 허공을 일깨우는 화산재들 뜨거운 염통에서 흘러내리는 끼의 성깔들이 걸음과 함께 일렁인다 중년의 화산은 스트레스를 발산하고 젊은 화산은 들끓는 끼를 분출하는 분화구들 높고 낮은 오름들이 키재기를 하는, 옷걸이에 걸린 청바지의 활화산 그의 주위에는 항상 긴장이 일고 있다 질서, 정돈, 엄숙의 군살을 **쫙쫙 빼**어 낸다.

내 삶을 물으면 외 1편

곽|종|철

때로는 웃고
때로는 울었지
생각해 보면
울은 날이 더 많았다고

너무 아프고 힘들어
때로는 자포자기해
모든 것을 내려놓고 싶었지만
담쟁이를 바라보며 변했다고

손잡을 데 없는 높은 담벼락
어디라도 기어오르는 집념
보이기 싫은 곳은 감싸 주고
쉴 곳도 내어 주는
그런 삶을 그대는 살더라고

충만한 열매를 맺기 위해
숨 막히는 나날이라도
주저앉아 뒹굴기보다
쉼 없이 오르고 또 오르리라.

일상, 외롭다고 말을 할까

나갈 데가 있고
할 일이 있다는 것이
얼마나 고마운 일인지 모르고
수많은 나날을 보냈네

만날 사람이 있고
말을 섞으면서 웃을 수 있다는 것이
얼마나 행복한 삶인지도 모르고
바쁘다는 핑계로 잊고 살았네

지금은 그런 소소한 일상들이
보배처럼 소중하고
축복인 걸 알 만하니까
코로나19가 뒤덮인 세상이라
만나지도 말고 스치지도 말라니
외로움이 쌓이고 쌓여 꼭지가 돈다

모든 게 멈춰 선 삶이라
살날이 얼마 남지 않은 우리에게는
안타깝고 원망스러울 뿐이다
제자리로 하루빨리 돌아오기를.

허수아비 · 2 외 1편

구 춘 지

풀벌레 울음조차 잦아든 빈 들판
외로움에 솟구치는 설움

산새들과 어울려 날아가는
들녘이 아닌 숲의 꿈을 꾸고 있다

들국화 노란 향기 논두렁길을 적시고
기러기 날아가 버린 빈 하늘

뜨거운 태양을 머리에 이고 보낸 나날들
마음만은 참새들과 친구가 되고 싶었다

움치고 뛸 수도 없는 외다리
주어진 운명에 충실했을 뿐

별이 지는 밤, 바람이 분다
마른 들녘에 바람만이 불고 있다.

진달래꽃

진달래꽃 따 먹으며 그대와 나
꽃싸움을 했었네

청보리밭은 너울너울 춤을 추고
종달새는 노래했네

꽃싸움 그것은 님과 함께 즐기는
꽃놀이였었네

꽃술과 꽃술의 입맞춤
사랑의 언약인 것을 먼 훗날

당신이 떠난 후에야 알았네.

추억의 장작불 외 1편

권 순 악

함박눈 내리는 겨울이 오면
어머니는 안방 아궁이에
장작불을 지피신다
평생을 부엌에서
어머니의 사랑은
장작불보다 뜨거웠다

함박눈 내리는 겨울이 오면
아버지는 사랑방 아궁이에
장작불을 활활 지피신다
평생을 쇠죽을 쑤신
아버지의 소사랑은
장작불보다 뜨거웠다

함박눈 내리는 겨울이 오면
마음은 멀리 고향으로 달려가
장작불 피워 놓고
옛이야기 나누고 싶은데
이제는 하염없이 내리는 눈이
서러운 추억을 덮어 버린다.

산골 주막

그 옛날
산골 주막에
펑펑 눈이 내리면
젓가락 장단 옛 노래에
밤새도록 취해 보기도 하고
고드름 철떡철떡 녹는 한낮이면
아늑한 그리움에 젖고
창살에 비바람 몰아치던가
낙엽이 뜰 안을 쓸고 가고
추녀 끝에 달이 걸리면
시린 가슴 안고 잠 못 이루던
그 옛날 주막에
가버린 세월이여.

산다는 것은 무엇인가 외 1편

권│영│억

삶이란 즐거움과 슬픔의 연속인 걸
달려라 뒤보지 말고 타고난 운명처럼
사람 일 천지순환에 맞추면서 즐겨라

삶에는 기쁨과 어려움이 공존하고
견디어라 허둥치 말고 더불어야 조화롭지
걸어라 자연은 늦추지 않으니 찾아서 만들어라.

그믐날 달력을 떼면서

해 간지 일 년이고 쌓인 날 지난 세월
넘기면서 정 가고 희미한 기억 좋았던 날
오고 간 추억의 기록 미련이야 없겠나

별표시 생각하니 그때가 새롭구나
간 길은 365일 재삼 보니 같은 그림
새 달력 대기하고 쳐다보니 접하기 겁이 난다

앞날은 갈수록 가속화 지난 삶이 꿈 같다
보람된 인생 설계 하룻밤에 두세 번
백시대 모두를 사랑하면 좋은 세상 오리라.

금동미륵보살반가사유상 외 1편

권│영│춘

국립중앙박물관 특별전시실
미륵자존彌勒慈尊을 꿈꾸는
태자상太子像 하나가 명상에 잠겨 있다
청정하고 빛깔 고운 가을 하늘이
그의 어깨에 살포시 내려앉아 있다
입가에서는 천년을 이어 온 은은한 언어들이 솔솔 쏟아져 나온다
연화관蓮花冠을 살며시 눌러쓰고
삼라만상의 소리를 귀 담아 듣고 있다

삶의 참다운 의미를 찾고 있는 고뇌에 잠긴 대웅大雄

눈에서는 은밀한 영기(영기)가 솟아나온다
천의天衣를 뚫은 살 냄새가 코끝에 와 닿는다
바람에 나부끼는 군의裙衣는
침묵의 물결에 다리를 감싸고 있다
수미산須彌山 위 불국정토佛國淨土가 가슴에 시려와
지그시 눈을 감고 참선에 드셨다
천고天鼓의
커다란 울림이 태자의 미소에 드리운다

사유상이 자리 잡은 전시실에는
오늘도, 깊고 넓은 가르침이 가득하다.

마우스

눈과 코가 퇴화되고
귀마저 없는
금세기 희대稀代의 변형 동물

이곳저곳을
은밀히 파헤쳐 나가며
심장 안으로 뉴스를 모아온다

때로는
무고한 사람들을 물어뜯기도 하고
구렁텅이로 내몰기도 한다
극약 처방도 필요가 없다
철망 안에 묶어 놓아도
거침없이 도망을 가고
기다란 꼬리 하나만으로 대양의 파도를 넘고
하늘을 거침없이 가로지른다

이 밤
너의 작은 입 하나로
이국異國의 창문을 들여다보며
사랑하는 이에게
따스한 봄소식을 전한다.

단상·3 외 1편

권영호

산다는 게
뭐 그리 대수라고
몇 년에 한두 번 정도
바람처럼 왔다가
돌아서던 처갓집
에라, 이 사람아

천만년 오롯이 살고지고
호롱불 밝혀
새벽잠 설치시던
구석구석 고단한 기억들
한스러운 세월을 잊으라는 듯
푸석푸석 헐리는구나!

격세지감隔世之感

붙박이별처럼
오글쪼글 쌓아 둔 사연
그리움의 행간行間이 되고
회한悔恨이 되어
안동호安東湖 푸른 물결을
유영하고 있다.

만남

채우기보다는
비우기 위해 떠났다가
잊고 산 시간을 다시 만났다

아등바등 절규하는 가슴이
어찌 너에게만 있으랴
전이된 아픔이
허공을 맴돌아
한숨으로 녹아내린다

네 곁에 오래오래
머물 수 없는
잠깐의 만남
눈에서 멀어졌지만
아직도 또렷한
섧은 얼굴, 얼굴들

언제쯤
너 하나 나 하나는
똑같은 사랑의 색깔로
뜨겁게 살아
살가운 눈매
함께 할 날이 올 수 있을지
만남은 사랑을 키운다는데.

밥상을 위하여 외 1편

권 오 견

날마다 둥근 밥상에 오르는
어머니의 들판
빙 둘러앉은 식구들
당신의 휘어진 등허리를
타고 넘어온 줄기
푸르고 싱싱합니다
밥상으로 가는 길
당신의 뿌리는 늘 땅속에 젖어 있습니다
지난해 혹한을 맞아
바닥이 터진 틈서리에서
용케도 살아난 당신의 잔해
내공을 쌓느라 가쁜 숨결 몰아쉬는
뿌리로 참고 견딥니다
살아가면서
빛보다 그림자를 밟는 날이 많습니다
평생을 서로가 내통하는 사이라
당신의 문지방을 내 집처럼 드나드는 들판
밥상에 오르고 있습니다
빙 둘러앉은 식구들
푸른 희망에 젖고 있습니다.

풀밭 길

풀밭 길을 걸어간다
한 무더기 풀잎들
바람결에 쓰러졌다가
스스로 일어서는 중심
세파에 떠밀려
찌그려졌던 나
내 안으로 들어온 풀잎 한줄기
허리 고쳐 세우고
가자 등골이 서늘하게
살아 오르는 길
출렁이는 푸른 길 밟으면서.

아버지란 외 1편

금 동 건

이 세상 태어나 모진 세월을
견디고 이겨 내신 아버지
가족을 위하고 가정을 세우기 위한
이 한 몸 다 바치신 거룩한 정신
태산이 아무리 높다 한들 부모님 은덕
숭고한 정신과 희생정신 어찌 다 같으리
긴 소풍 보내고야 흐르는 눈물은
뒤늦은 후회와 참회의 일탈일까.

하루살이 인생

눈 뜨자마자 삶의 현장에서
치열한 하루의 시작이다
하루도 일하지 않으면
무리에서 도태되는 하루살이
죽지 않으려 몸부림치며
음식 쓰레기와 깊은 사랑에 빠지리.

홍수洪水와 나비 외 1편

기 청

지난봄 하얀 꽃구름
개망초꽃 일렁이는 가벼움으로
폴폴 날던 그 흰 나비 무사할까?
긴긴 장마 폭우에

맑은 물 돌돌
사철 푸른 섬진강 화개장터,
성난 홍수에 우짜노
목까지 차오른 절망
울컥 솟구치는 눈물 우짜노

꿈인 듯 생시인 듯
거친 짐승의 울부짖음 속으로
밀어붙이는 힘, 다 쓸어간다 해도
순박한 마음씨까지야

이를테면 그렇게 밀어붙이는
머릿수의, 광란의 위력으로
민주 법치法治의 둑 허물어 버리듯
갈아엎고 뒤엎는 야만의 술수術數
그렇게 휩쓸려 가지만
그렇게 이긴 듯하지만

결국 스스로 무너지고 마는

한갓 허구虛構의 덫이리니
똑똑히 보라는 듯
폭우가 내리는 날 나비는
범람하는 분노의, 강을 거슬러
오염되지 않은 순수, 원류原流를 향해

폴폴 그 여린 날개의 가벼움으로
그 열락悅樂에 찬 순교의
자유 의지 그
영혼의 솟구침으로.

할머니와 거머리
―위안부 할머니의 기자회견

한 모금 자유의 물
한 모금 공기나 햇빛이 그립던
그날의 할머니들

모진 제국주의 거머리 피해
그래도 내 조국 하늘
파란 눈물 붉은 울음이라도
그나마 실컷 토해내고 싶었지만

사람 사는 세상 외치며
정의 기억 앞세운 거창한 간판에 속아
그들 하라는 대로 재주를 부렸지만
한 방울 마지막 붉은 체액까지
모질고 독한 거머리 떼

해가 들지 않는 진흙탕 무논에는
우루보로스의 뱀처럼
물고 물리는 이념의 거머리 떼
보이지 않는 거대한
힘의 비호 받으며

이게 꿈인지 생시인지 오늘이
그날 같은 할머니들
아직 목이 마른 한 모금
자유의 물 그리운.

인연因緣 외 1편

김 건 배

날이 기울어
저녁 빛 그늘이 길어지면
서둘러 밤으로 올라가자
밤새도록
밤이 물을 솟쳐내고
우리를 적실 때
달콤한 꿈속을 걸으며
이따금씩 마을에서 들려오는
밤을 떠도는 울부짖음을
말갛게 주워 보자

밤이 기울어
별빛 스러져 내리면
서둘러 밤의 문을 나서자
새벽이 오기 전에
밤의 욕망을 떨쳐내고
우리의 관계를 말끔히 씻자
사랑의 큰 욕망이 머물렀던
컴컴했던 그곳에
시랑豺狼의 울부짖음도
말끔히 씻어내자.

소리 없는 고통

영혼마저 억압당하는
현실 속에서
자유를 억압하는
모든 것에 소리친다
때로는 신랄하게
때로는 비통하게
외침은 소리 없는 고통이다

접은 우유팩처럼
감정이 납작해진
먹구름 무겁게 드리워
장맛비 세차게 쏟아지는 날
코로나19가 또 기승을 부리는 날
사회적 거리두기가
가족의 연마저 끊어지는 고통이다.

맹꽁이 외 1편

김│관│식

조선 명재상 맹사성은
높은 벼슬자리 올랐어도
가마를 타지 않았다

소 등에 올라타
손수 만든 대금을 부르며
낮은 자세로 살았다

강호 제자들이
맹사성 꽁무니를 따라다니며
'강호사시사'를 읊는다

'강호에 봄이 드니 미친 흥이 절로 난다'
맹꽁맹꽁맹꽁맹꽁.

머위

줄기 하나 달랑
잎으로 하늘 가리고
살면 그만인 게지

뭐, 더 바랄 게 있냐?
어리석으면 위줄 타다
막 내리고 마는 게지.

강물에 잠긴 노을 외 1편

김 기 순

강물에 잠긴 노을
아름답다기엔
너무 서늘하다

하루를 불살라 버린 후
내려다보는 공허한 하늘

노을을 바라보는
나는 또,
왜 이렇게 서글픈가.

긍정의 힘

삶에 있어 가장 중요한
자양분은 긍정입니다
긍정은 고통을 해소해 주는
청량제이기 때문입니다
당신도 마음이 언짢으면
망설이지 말고
긍정의 끈을 꽉 잡으세요
그 어떤 괴로움도
가뿐히 벗어날 수 있습니다
긍정은 바른 길로
인도해 주는 귀하디귀한
최고의 명약이기 때문입니다.

광한루 환상幻想 외 1편

김 낙 연

애틋한 연정에 반해
정절의 향촌 남원 땅 밟아
광한루에 오르니

춘정春情을 희롱하는 봄바람
출렁이는 초록 물결 타고
흥겨운 춘향가 가락에 춤추는 나비야
네 유혹이 예사롭지 않구나

황홀한 봄의 향연에 홀려
단아하게 치장한 영산홍 아가씨
수줍음 숨긴 채 외출 나왔는가
춘향이라 부르랴
향단이라 부르랴

터질 듯 연정의 홍조紅潮에 반해
흥얼대며 따라가 입 맞추려니
가슴의 풍만한 향기에 취해
오수午睡의 정분이라도 맺고 싶구나

아서라!
이루지 못할 가연佳緣일 바에야
한평생 가슴앓이할 바에야
연분홍 치마폭에 덤 싸여
은하수에 풍덩 정사하고 싶어라.

산방일야 山房一夜

산행에 쇠진한 심신
작은 산방에 풀잎처럼 눕는다

수림樹林을 흔드는 바람 소리
그 오묘한 변화의 신비
세욕에 풍화되고 찢긴 우둔함이
어이 느껴 그 참뜻을 깨달으리

창틈으로 스며드는 밤새의 울음
애달픈 그 깊은 사연
남을 배려하지 못하는 이기심이
가히 들어 그 심사를 가늠할 수 있으리

밤의 고요를 달래는 계곡 물소리
상선약수上善若水의 가르침을
탐욕에 오염된 위선이
언제쯤 헤아려 바르게 살아가리

산방에서 하룻밤
덧없는 인생길 돌아보며 뒤척인다.

선자령仙子嶺 오르는 길 외 1편

김 남 구

선자령 오르는 숲속 길
비집고 내려앉는
여름 끝자락의 햇살이
숨을 몰아쉬며 비틀거린다

건너편 능선엔
하늘을 돌리는 우람한 풍차
야생화의 전설을 외고 있다

애기앉은부채, 제비동자꽃
하늘나리, 노루오줌풀, 복수초…

물물이 쓰르라미의 절규는
산야를 저리도 흔들고
자작나무 외길 지나
구릉 길가 억새풀
흐르는 세월 속에
순백純白의 미소를 날리며
스산한 꿈속을 간다.

※선자령: 강원도 평창군 도암면에서 강릉시 성산면 보광리로 잇는 고개로 해발 1,157m이다. 백두대간 보호 지역으로 지정되었고, 우리 국토의 핵심축인 백두대간을 영원히 보존하고 국운 강성과 통일을 염원하는 뜻으로 표지석이 세워져 있다.

낚시꾼의 하루

하루 이십사 시간
여지餘地없는 절벽이다
긴 시간을 올리는
낚싯줄에 파란 이끼가 퍼득이고
종일토록 일렁이며
아침놀을 당기는 보헤미안의 가슴
멀찍이 주主를 쫓던 베드로
하인배下人輩 숲에 앉았을 때
비린내 나는 심장 찢어지는 날
사람 낚는 어부로 부름 받던
황홀恍惚한 순간
물마루에 번득이는 월척의 비늘
아, 물 위로 걸어오시는
놀라운 스승의 형상形象을 본다.

구름처럼 외 1편

김 동 선

초가을 새털구름
보노라면
내 인생의 흘러가는
충동을 받는다

코발트색 하늘에
언제나 시詩를 쓰는 구름
그 구름을 보며 발을 구른다
닿을 길 없는 하늘과 구름

내겐 온통 닿을 수 없는
피안의 세계世界일 뿐이다
그래서
내 가슴은 텅빈 동굴이다.

대청봉

평생을 자리 잡은 능선
몇 천 년 살아서 낙타 등이 되었나

녹음을 먹은 짙푸른 산
나무들은 침묵으로 서 있다

계곡에선 물소리 음률로 속삭인다

기괴하고 웅장한 바위
세월 물만큼이나 흘렀는지.

첫눈 내리는 밤 외 1편

김 문 배

하얀 천사가
산과 들 바다와 강 위로
하늘하늘 춤을 추며
내려옵니다

두 손 마주잡고 말없이
골목길 모퉁이 가로등 불빛 아래
서 있는 두 사람
첫눈에 반한 연인들입니다

소리 없이 소복소복
사랑은 온 누리를 하얗게 만듭니다
첫눈에 반한 연인들의 마음은 하얗습니다

가로등 불빛 아래 서 있는
눈옷 입은 돌탑 위에
첫눈이 조용히 내리고 있습니다.

길 떠나는 두 마음

작은 돌무덤 앞에
소복한 여인이
두 손 모아 합장을 한다

무슨 원망이 그리도 많은지
무슨 하소연이 그리 긴지
하늘을 우러러 기도하고
풀밭에 주저앉아 통곡한다

하늘에는 흰 구름만 흘러가고
정에 얽힌 인간사는
왜 이리 끈질길까

미동하는 육체의 흐느낌
성숙한 여인의 뒷모습에
나그넷길 떠나는 발걸음
자꾸만 머뭇거린다.

삶은 뜬구름 외 1편

김병영

서산에 해가 뉘엿뉘엿
저녁이 오면

아무에게도 도움이 안 되는
삶
살아 있다는 의미는
어디에 있을까?

오는 정은 좋지만
가는 마음은
무겁기만 하네

긴 세월은 등만 보이고
내 젊음은
세월 따라 가버렸네.

기다림이 삶인가

붉게 타는 저녁 하늘
하염없이 바라본다
낯선 땅 그곳에도 봄은 오는가

기다림은 삶인가
해가 지면 아침을 기다리고
성性 하나 타고 떠난 새끼
그립고 보고 싶다

아침이면 카톡을 열고
밤이면 또 아침을 기다리네
긴 세월 긴긴 세월
기다림은 삶인가.

이 나이에 행복·2 외 1편

김|병|철

오늘도 바쁠 일 없는 나는 아침 나절
산자락 밑 내 작은 텃밭으로 가네
반갑게 반기는 푸르른 내 어린것들 돌보며
오늘 하루를 푸르름으로 같이 보내고

오늘도 아침 나절부터 아내는
결 고운 화선지에 붓끝에 힘을 모아
매화나무를 심어 꽃을 활짝 피워
예쁜 새 부부를 불러 나뭇가지에 앉혀 놓고
벌 나비들까지 매화꽃으로 불러들이며
오늘 하루를 다 보내네

해가 지면 아내와 저녁 식탁에 마주 앉아
텃밭에 커가는 푸르른 어린것들 얘기 들려주고
아내가 붓끝으로 화선지에 불러들인
매화꽃과 새 부부, 벌, 나비 보며 이야기하다
달이 뜨고 별이 뜨니
늘그막 이 나이의 더없는 행복입니다

내일도 모레도 글피도 오늘처럼 그렇게
해를 맞고 또 보내고
달과 별을 맞고 또 보내며
같이 있을 그날까지 늘 그렇게
서로를 배려하며 오순도순 살아갈 일입니다.

그때 그곳 그 자리
―손녀 우리 빈이

할미가 곱게 빗어 묶어 준
살랑살랑 긴 말총머리에
예쁜 노랑나비 리본
깡충깡충 앙증스런 빨간 운동화
시냇가 산책로 변 줄지어 핀
노랑 개나리 떼 흥건한 봄물 속에
호기심 어린 맑고 큰 눈망울
꽃잎 어루만지던
그때 그곳 그 자리

몸짓 하나하나 미쁘기 그지없고
눈 속에 넣어도 아플 수 없는
다섯 살배기 여린 공주님

이제는 다 말해 주고 싶네
세월이 널 훌쩍 키워
제 사랑 찾아 내 곁을 떠나도
예나 지금이나 먼 훗날이어도
넌 내 가슴속에 다섯 살배기로
언제나 늘 함께 있어 행복하다고

내 곁에 없는 널 그리며
오늘도 봄물 흥건하던
그때 그곳 그 자리 찾아본다
사랑하는 너를 그리며….

춘화현상 외 1편

김│복│만

이른 봄, 언 땅 인고의 꽃이 핀다
긴 겨울 이성적 고통을 넘어선다

튤립 하이신스 백합 라일락 철쭉 진달래
얼음향에 춘화의 고비가 쓰리다

살을 에는 혹한을 모르는
월봄보리 헛배 부르다고…

호주로 이민 간 한국 개나리
봄꽃을 피우지 못한다는데…

모진 세월 혹한의 고비를 넘어서는
가을 보리, 제몫을 잡고 간다

새봄 눈부신 꽃은 혹한을 베고 오는
춘화Vernalization의 여정이다

양※의 동서, 인고의 고통을 피할 수 없는 자가
차지하는 저 시린 언덕인 것을.

※춘화: 춘화현상, 춘화처리, 조기개화유도, 춘화처리이론, 개화 결실을 촉진하다의 뜻

첫 여름 들꽃

칠월의 해거름 갈색 노을
주홍빛 이내 잦아지는 둔치 길

멀리 길섶으로 싸락눈 꽃무리
비탈내리 딛고선 노오란 꽃너울
유월의 개망초꽃, 칠월의 달맞이꽃

연보랏빛 개망초 꽃너울에
잔잔하게 뿌리는 푸른 향기
나중 핀 꽃무리 서둘러 즐비하다
구절초 모양새 정다운 들꽃 동네

한낮에도 노란 꽃잎 포개어 잠들고
떠오르는 달빛에 향기로 반짝인다
한 뿌리 한 몸통이지만 외톨이 달맞이꽃
꽃송이마다 엇각에 찬바람 인다

개망초꽃 사랑으로 엉겨 피고
달맞이꽃 송이송이 나홀로
외로이 나 혼자 피는 멋 다이아나Diana.

치열한 옹벽 외 1편

김|복|성

산책하는 길, 언제나 높은 옹벽에
조용하고 강한 일들이 어김없이 벌어진다
옹벽 밑동에 깔린 흙에서 낮게 기어간 호박 넝쿨이
온갖 잡초를 덮치며 힘차게 자기 길을 가고
옹벽을 마주한 빨간 줄장미도 펜스를 넘나들며
쉴 새 없이 영역 다툼에 가시 돋친다
봄 마중 나온 노란 개나리꽃들이 독차지한 옹벽을
신록 옷 갈아입혀 봄으로 치장한다
시샘한 장발족 칡넝쿨들이 온힘으로 끌고
어김없이 옹벽을 점령한 개나리를 덮친다
남몰래 새 옷 입고 조용히 바라본 소나무 거친 껍질에
기생하던 담쟁이도 옹벽 점령에
돌아온 길 돌고 돌아와 여간해서 절망이 없다
여린 잎줄기를 앞세우는 야생의 질서
모두 강한 생명들의 기다림
언제나 초심을 잃지 않는 치열한 옹벽의 화합
이유 있는 아픔일 것이다.

금수저 든 강아지

자식에 대한 불만이 쏟아지고
강아지에 대한 칭찬 아끼지 않는다
취향에 맞게 훈련된 강아지
머리만 커지고 가슴이 안 보인다
복종에 밀착되어
사랑한 만큼 사랑을 나누며
주인만큼 부에 호화를 누리고 산다
개 엄마 강아지 맘은 업고 안고 모시고
백여 벌 옷장에서 골라 입혀
가족사진 찍고 족보에 등록한다
종교도 의사도 존중한다
강아지 맘Mom은 교회에서 기도
개는 절에서 불공 드린다
유모차에서 최고급 승용차를 타고
금수저 든 강아지 생일잔치
온 가족 용돈과 선물 들고 하나가 된다
개의 일생에 끼어든 인생인가
인생에 끼어든 개의 일생인가
사람과 사람 사이 넓은 공간을 차지한다.

소인국小人國 풍경 외 1편

김 봉 겸

진리는 관棺에 들어 장사되고
거짓이 관官을 차고 앉았다
말의 화살이 날아 서로의 가슴에 꽂히고
사랑은 오물에 젖어 쓰레기통에 거꾸러졌다
허상 앞 제사에 사람들이 모이고
위장된 민중이 함성을 지른다
끼리끼리 나눠 먹으며 부르는
평화의 노래, 그 뒷편에서는
못다 핀 청춘들이 시들고
남창과 여창의 쾌락이 파도친다
속임수가 이기적인 머리를 넘어뜨리고
땅은 찢겨 디딜 틈도 없다
거기서 제 잘난 자들이 동서로 갈려
끔찍이도 미워하며 삿대질이다
모두가 불안하여 올려 보는 하늘엔
신神을 팔아먹은 자들이 쏴 올린 불꽃이 화려하고
인人의 장벽 안에 신神의 신음 소리 잦아드니
거기 왜곡된 역사는 유유히 흘러간다
그런데, 아! 그런데
세상에 슬픈 자와 아픈 자가 그리도 많은지
마른 언덕에서 못 박힌 혼자는
내내 목이 마르다.

그리움

혼자 오르는 가을 뒷동산
고향의 옛 오솔길은 없지만
얼굴 하나 아련하게 떠오른다
인생의 뒤안길에 함께 가는 그림자처럼
없는 듯 따라와
영혼을 적시는 질긴 인연이여
그 떨림의 현을 타고
그 설렘의 관을 통해
애절한 몸짓으로 피어올라
메마른 가슴에 따뜻한 바람을 일으킨다
한 시절을 건너면서 녹은 가슴이
기억으로 스며들어 정지된 시간의 흔적
다만 영원으로 이어질 울림이여
그리움은,
구원久遠의 여인으로 품어야 할 비밀
들켜선 안 될 황홀한 슬픔
밀물이고 썰물인 한세월의 질긴 고뇌여
해 저문 갯가에 다다라
바람의 간절함이 사그라지고
더 이상 손 내밀 수 없어서야
얻어낸
봄볕 같은 평화여.

낙화암의 눈물 외 1편

김 부 치

달빛에 젖은
눈물은
백마강으로 흘렀더냐?

하늘길이 멀어
청산靑山으로 갔더냐?

재 넘어
강변의 모래터로 갔더냐?

화장 속에 가린 수심
마음 조아리지 않고
춤추던 날 있었더냐?

가는 길
오는 길
슬픔을 디디고 가는
천 길 낭떠러지 길

나비처럼 날아라
신념으로 날아라
낙화암의 절개는
선혈이 붉은
꽃물이 되었더냐?

지렁이의 화려한 외출

장마가 끝난
오후
철모른 지렁이
습한 집이 싫었는지
대문을 열고 나왔다

마당이 얼마나 넓은지도
지하보다 지상 땅값이
얼마인지도 모르면서
토방을
체조 요정처럼 곡예를 한다

태양빛이
살인 화살인지도
깨닫기 전
십센티도 기지 못해
잃을 뻔한 생명
지나던 귀인이 냉큼 집어
다신 나오지 말라고
제 집으로 던진다.

가을 어느 날의 오후 외 1편

김 서 연

가을 어느 날
구름도 바람도
미세먼지도 없는
너무도 해맑은 날씨

정원 속
흐드러진 소국 사이를
여유롭게 노니는
철 지난 벌과 나비

쪼개 써도 부족했던
젊은날의 시간이
여기, 지금
한가로이 졸고 있다

굴곡의 삶 속에
울고 웃던 사연으로
놓쳐 버린 시간도
향기 속에 숨을 고른다

좋은 날 좋은 시간
저 햇살 놀리기엔
너무나 아쉽고 소중한
2019년 가을 어느 날의 오후.

코로나19

시내로 들어서니
드문드문 시민들
초췌한 얼굴엔 마스크 행렬
좀비의 형상이다

남대문시장 지하상가
수입품 코너의 폐점
허허 속의
삶이 상실된 현실이다

망연자실 어둠 속의
몇몇의 상점
절망 속의 희망 안고
살기 위해 안간힘을 쓴다

악재를 실감하는 하루
코로나19 언제쯤 죽으려나
한밤의 장맛비
한숨처럼 흩뿌린다.

은행잎 날리는 점촌거리 외 1편

김석태

사지死地서 바르르 떨고 있는 은행잎
그들 덮인 거리에 갈바람 휘휘
모였다 흩어지는 데모대들
해는 이 광경 찍어내는 사진기자
군중 속 나, 가련한 대상이 된다

삶을 위해 제 살 도려내야 하는
아픈 이별의 슬픈 현실
아우성 치고 흩어져 남은 상처
신음 소리 함께 담아낸 녹화 영상
군중 속 나, 주체 아닌 객체였네

낙엽 지면 마음에도 낙엽 지고
바람 불면 영혼에도 바람 불고
눈 내리면 육체에도 눈 내리고
물소리 들리면 따라 흐르는 자연인
어찌타 군중 속 객체가 되었다냐!

허무

달빛 휘영청 교교한데,
국향 실은 바람 살랑
뜰에 선 내 맘 울렁
비수를 꽂는 귀뚤귀뚤
빈손에 낙엽 떨어지네

성실 먹고 살아야 하지
입과 더듬이는 없어도
눈은 커다랗게 붙었네
가로등 불빛 먹고사는
하루살이의 허무, 허무.

어머니 미소 외 1편

김 선 옥

어머니 장독대에
장 담는 소리 들려오고
그 숨결 푸른 마음
대대로 이어 오는
팽팽한
가슴에 얽힌
박속 같은 옛 기억

여름 한낮 날빛 번개
지키시는 그 손길은
가을 하늘 별빛마다
내 안의 흐름으로
끈끈한
어머니 미소
더듬으며 눈을 감네

어머니의 애창곡인
아리랑 아리랑은
진실로 나라사랑
우리 삶의 터전 되어
그 미소
폭포수 따라
황홀하게 헤쳐 가리.

마지막 지평

깊은 골이 으늑한
산길을 걷노라면
밀물 썰물 웃음꽃
연분홍 진달래꽃
밟히는
이 자국마다
천지간의 숨소린가?

말이 없는 긴 이야기
이다지도 다습구나
높은 뜻 우러르려
네 품에 안기고서
가만히
염주 굴리면
긴 어둠 밝아질까?

한생에 가슴 깊은
어둠의 시간들이
뻐꾸기 울어 예는
설레이는 메아리에
그날의
마지막 지평
짙은 향취 속삭일까?

흙에서 캔 나의 노래 외 1편

김｜선｜우

지인의 밭 한 뙈기를 임대해
비닐하우스를 짓고 지내온 지도
수, 수년이 흘렀다
간혹 바람이 머물고
새 소리가 머물다 간 적은 있으나
요즘처럼 진솔한 노래가 머문 적은 드물다
흙이 부르는 노래!
호박 부추 고추 등을 떨림판 삼아
뙤약볕을 탄주하다 보면
나는 어느새
호미를 든 농부가 된다
내가 지은 흙에서 몸을 드러내는
알뿌리 덩어리들!
내 서탁에 올라 먹음직한 시가 되곤 했는데
흙을 노래하는 마음으로 시를 캔다는 것은
내가 흙에서 왔으니 시를 남기고
흙으로 돌아가란 뜻이겠거니
오늘도 나는 나만의 궁전이라 이름 붙인
하우스 화원에 앉아
흙의 노래를 듣는다
백발이 파르르 떤다.

넝쿨에 조롱박 열듯

오늘 내 이 봄날은 왜 이리 더디 가는지
연초록 구부정한 풀피리 꺾어 불면
버들잎 낭창 휘이며 노고지리 울 것 같은데
멈춰 섰던 꽃바람이 보릿고개 밀고 갈 때
이고 진 그들 뒤에 나를 안아 업고 가신
어머니 그 야윈 등이 눈에 삼삼 어립니다
화단에 물을 주는 아내의 여린 손등에
깊게 팬 잔주름과 긴 세월을 얹고 보니
그 모습 애잔한 처의 어머니가 있습니다
오늘 내 이 봄날이 더디고도 느린 까닭은
당신의 모습에서 어머니를 보았음에
눈물이 발길을 막아 강江이 된 탓입니다
물장구치듯 살아온 내 삶 내 뒤란에는
내내 귀뚜라미 같은 이명만이 남았는데
어머니 목소리 들려 넘치도록 받은 시심
하여 다시 내 가슴에 꽃이 피고 새가 울고
길에서 화두를 줍듯 삶을 지펴 가나니
넝쿨에 조롱박 열듯 미소 만발합니다.

은빛 진주의 슬픔 외 1편

김│성│일│

1950년 11월 황해도 황주
포성은 끝없이 들려오고
6·25 피난민들 늑대에게
쫓긴 양 떼처럼 흩어졌다 내가
전쟁 속에 잠시 머무른 사과밭 집 딸은
"황주는 참 좋은 곳 사과 많은 곳"이란
노래 들려주며 우리의 사랑을
싹 틔워 내던 순이
백옥처럼 희디흰 그녀와 나는
총탄이 빗발친 음지에서
사랑이 목마른 시대에 만났다
끝내 꽃 몽우리만 남긴 채
순이는 북으로 나는 남으로
사랑이 쓸고 간 두 가슴에는
병든 바람이 그와 내 하늘을 덮고
먼지 가득한 음반이 세레나데를
들려주지 않을 때도
그녀의 얼굴을 지우지 못했다
오늘은 황주 사과밭을 찾아 걷는다
손잡으면 수줍게 미소 짓던 18세 순이
어찌해 내 꿈길을 찾아오지 못하는가
가슴에만 떠올라 꽃이 되지 못하고
파도 속에 빠져 버린 은빛 진주의 슬픔을.

마지막 잔향을

어느 걸승의 목탁 소리보다
드맑은 가을바람 결에
나의 시선의 폭을 풀어 놓는다
하늘엔 기러기 떼
내일을 품고 날아가고
산은 가을볕을 안고
석양에 불타고 있다
산기슭 거닐며 삶의 무게를
조금씩 조금씩 비워 보지만
지나온 길이 너무 아득해
좀처럼 환히 보이지 않지만
재를 넘어가며 우는
피죽새 울음소리에
막힌 가슴 조금 트인다
청청한 하늘 밑을 걸어서
저 산 넘어가면 고향 집 지키는
감나무에는 지금쯤 붉은 감들이
연둣빛 하늘에 매달려 있어
내 고향 가을의 잔향을
까치들이 쪼아 먹고 있겠지.

봄의 시샘 외 1편

김 성 화

봄이 오면 목련 개나리 벚꽃 진달래를
시샘하는 봄비가 오더니
경자년 봄은 시샘의 비 대신
신종바이러스로 봄을 희롱하는구나

누가 말했던가 봄은 잔인한 계절이라고
봄 마중 목련은 하늘을 보며 소원을 빌고
인간은 가슴에 행복의 꿈을 꾸는데
자연의 꿈은 신의 영역이라 하더라만

봄은 만생을 꽃 피게 하고
노래 부르게 하고 춤추게 하고
자연은 절로 절로 무릉도원을 만드네

벚꽃이 만개한 하늘에 노래 실어 새가 난다
살랑이는 바람에 나비 되어 춤추는 벚꽃
테마공원 숲속의 맑은 햇살

선경의 고요 속 아침의 새 소리는
내 영혼을 꿈에서 깨우네.

비 온 다음 날

아침 햇살 부서지는
테마공원의 녹색 바람
창공에 하늘의 메아리
새들의 합창으로 지지배배

공원의 바람은 편안을 안기고
새들의 합창은 사랑을 부르네

녹색 바람의 햇살이
꽃잎에 머물 때
바람과 햇살이 없던 길을 열며

새들의 노래가 화음이 되어
흐름을 모르는 세월을 품고
공원의 까치는 좋아라고 까악까악
새들의 천국 공원의 아침
너 좋고 나도 좋은 걸.

추석날 외 1편

김│순│녀│

아버지가 만들어 놓은
두 마지기 자갈논
봄비를 가두고
도랑물을 퍼 올려
모내기 준비를 하셨지

오월 햇살이 논두렁에 내려오면
동네 어른들 모내기 소리
밀짚모자 쓴 구릿빛 얼굴
땀방울도 행복한 꿈으로
영글던 유년의 그림

고추잠자리 들판을 맴돌고
메뚜기 잡이 신나던 가을날
누렇게 익은 벼를
낫으로 쓱쓱 베시며
벼는 익을수록 고개를 숙인다

아버님 말씀
생생하게 들려오는
추석날 아침
기름진 햅쌀밥 정성껏 떠놓고
그리운 추억에 서성이네.

햅쌀

저 여기에 왔어요
비바람을 이기고
따가운 햇살을 받으며
무서웠던
천둥 번개도 잘 참았지요

봄바람 불던 날
넓은 들판에 홀로서서
기필코 알곡이 되리라 다짐하고
부지런히
바람과 공기와 햇볕을 사랑하였어요

쭉정이로 날아가면 안돼요
구정물통에 버려지면 슬퍼요
찰진 한 톨
그대 마음을 녹이고
영혼을 살찌우는 양식이 될래요

내가 달려온 길에
당신이 뿌려놓은 정성이
황금들판으로 춤추니
추수하는 기쁨
감사의 노래가 되었어요.

구름 외 1편

김 순 희

미켈란젤로의 솜씨일까?
넓은 하늘에 그려놓은
저 하얀 뭉게구름
덮고 자면 잠이 스르르 올 것 같네

어렸을 적
느티나무 아래
어머니 무릎 베고 보았던 구름은
어디로 갔을까

변하는 게 마음이라던데
아직도
기억 속에 살아 있는
어머니 냄새 날 것 같은 뭉게구름

바람에 밀리는
뭉게구름 뒤따라
고향 집 가네.

매미 소리

느티나무 잎새 축 늘어지고
구름 한 점 없는 맹숭한 하늘
목쉰 매미 소리만 온 동네 들썩하다

간간이 바람 불고
간간이 매미 소리 끊어지네
바람이 매미 울음소리 싣고 가는 걸까

시간은
지나가는 바람 같은 거
매미 울음 소리 끊어져도
세월은 저 혼자 달려가네

매미 소리 물러가면
시키지 않아도
검은 머리카락 한 올
단풍처럼 물들겠지

매미야 목놓아 울거라
세월이 네 소리에 갈 길 잊어버리게.

구름의 집 외 1편

김｜연｜하

하늘에 펼쳐 놓은 화폭이다

구름은 무한 공간을
아름답게 수놓으며 곡예하듯
산천을 벗 삼아 유유히 흘러간다

뭉게구름 솜처럼 흘러와
지상에 떠도는 은유를 끌어 올려
꿈처럼 곱게 펼쳐 놓는다

어디서 만들어져 어디로 가는가
하늘에 집을 짓고 온갖 사연 풀어
덧없이 사라지는 인생이듯

서창에 드리우는 저녁노을
덧없는 자취들마다 순수하고
맑은 넋 꿈길처럼 황홀하다.

바다의 언어

바다는 파도로 언어를 구사한다

넓고 아득한 수평선에서
끊임없이 밀려오는 세찬 파도는
상형문자로 소리를 전한다

간단間斷없이 돌진하는 파도는
출렁이고 찢기며 부서져
죽음과 부활을 거듭 반복하며
영원히 언어의 씨앗을 뿌린다

출렁이는 파도의 음운音韻,
썰물과 밀물의 움직임에서
율조律調의 변화를 보이고
물방울의 진동으로 파도가 되어
언어로 전하듯

고음과 저음 때로는 은은하게
시를 읊조리고 노래를 부르며
망설임 없이 언어를 구사한다.

소리는 게으르다 외 1편

김 영 천

번개가 친 후
열 개쯤 숫자를 세어야
우루루 쾅쾅,
우레 소리가 들린다

빛이 먼저고 소리가 나중인 것은
조물주께서 다 살피신 일이겠지만
세상 돌아가는 꼴을 보고도
아직 말 한마디 못하는
내 입 안의 소리들,

불의不義 앞에서
너무 게으르지 않기를
제발,
빛처럼 쏜살같기를.

신발을 신은 후 발바닥이 얇아졌다

사랑을 하면서부터
눈물이 많아졌다

꽃도 그때부터 향기가 짙어지고
나비도 그때부터
춤사위가 곱다

이별을 하면서부터는
침묵이 깊어진다

꽃도 그때부터 하나 둘,
꽃잎을 떨구고
나비도 합장한 채
적멸에 든다.

보슬비 오는 날을 외 1편

김 용 길

보슬비 소리 없이 내리는 날을 그렇게도
그리운 님을 뵈온 듯 기쁘고 좋아함은
그 님이 나의 가슴에 젖어들고 계심이외다

봄 하늘 눈물 흘리는 오솔길을 혼자서
간절한 그리움의 비에 젖어 거닐고 있음도
그 님을 빗속에서 만나기 위해서랍니다

수리산 내 산장에 비가 오면 그리 좋을 수가
보고 싶은 사람 목소릴 빗속에서 들을 수 있어
지극히 기쁘고 행복해 마음은 벌써 하늘나라.

녹의홍상 綠衣紅裳

연초록 저고리에 아름다운 다홍치마여
섬섬옥수 손 잡고 하늘나라 가고파라
주께서 갈 길 인도하시니 구름 타고 가보세

강변에 늘어진 버들가지 동백기름 안 발라도
주님이 머리 빗겨 주시니 향기 나고 윤이 나네
강산도 꽃구름 하늘도 주님의 신묘한 솜씨

청풍명월 고장에도 녹의홍상 바람 불어
꽃가마를 그리는 댕기 드린 낭자여
주님이 하시옵시면 백년가랑 百年佳郞 만나리.

코로나 이후 외 1편

김 우 연

인간들이 잠잠하니 고개 내민 뭄바이 하늘
홍학 떼 날아들자 온통 붉게 물든 샛강
뭇 생명 함께 어울려 출렁이는 대자연

허공과 땅과 물속 가득한 생명이라
산사의 사물 소리 은은하게 울리더니
모두가 함께 사는 곳이란 종소리가 들린다

코로나 분열하듯 인간 욕심 끝없는데
한 점의 작은 마음 빛으로 퍼져 가면
우주는 생명의 바다 파도 소리 끝없네.

벚꽃 은하수

창밖 저 아래엔 은하수 물결이다
첫새벽 백목련은 샛별로 반짝이고
고층의 아파트들은 행성으로 흐른다

밝아야 더 휜하게 반짝이는 별들이다
텅 비어 가득한 허공엔 찰나가 영원인지
저 멀리 은하계 너머로 바람에 흩날리네

뭇 생명도 꽃잎이고 바위도 꽃잎이다
먼지도 떠돌이별도 활짝 핀 꽃잎이다
우주의 큰 꽃잎들이 피고 지고, 지고 피네.

누가 빈 의자라고 하더냐 외 1편

김 인 식

거친 숨 고르며 눈길 돌리는 중
아주 후미져 그늘진 곳
묵묵한 빈 의자 서로 한맘 이뤄
이리저리 휘둘러 짓눌려도 어느 한 사람
외면하지 않고 자기 자리 굳게 지켜
힘들고 지친 영혼 새 힘 주고 있다네

곤비한 영혼 갈 바를 몰라
놓여진 곳에 의지해 쉼을 얻고자 할 때
신분에 따라 눈총 줘 차별 않고
넓은 품속에 안아 준 빈 의자로 위로받네

무슨 옷 입었나 묻지 않고 어느 때나
서슴없이 자신을 내어 줄 수 있는 빈 의자
하늘 아래 이런 쉼터 얼마나 될까
입술 맘껏 열려 지혜롭다 하는 자들이여!
무슨 할 말이 있는가

사람들 알아주지 않는다고
하소연조차 하지 않고 굳게 닫힌 너의 입술
누가 뭐라 해도 침묵으로
맡겨진 일 자랑일랑 몰라 숨은 천사라
너를 바라보는 내 눈 속에 비춰
맘속에 우러나 눈시울을 뜨겁게 한다

두 맘 속내 가운데 달아오른
허울 좋은 입씨름 천사의 나팔 불어
천사의 얼굴로 미소 짓는 사람아
빈 의자 의로움에 느껴지는 바가 없나요
이 세상에서 너를 진정 안다면
누가 너더러 빈 의자라고 말하더냐.

삼일절 三一節

기미년 3월 1일 정오
독립선언서 낭독한 뒤 이 땅
암울함 물러가고 태양은 떠올라
온 백성 응어리져 피 맺힌 가슴 풀어헤쳐
대한독립 만세! 방방곡곡 핏발 날린 함성
온 세상 자주독립 선언하노라

이에 천지가 진동해 만물이 놀라
하늘도 울고 땅도 울어 바다를 이루니
온 천하 만물 눈물 뿌려 슬퍼하니
대한민국 독립투사 용기와 희망 주노라

피 끓는 가슴 솟구쳐
온 겨레 대한민국 만세! 외쳐
전국 방방곡곡 한마음 태극기 휘날려
출렁이는 바다 물결 이루고
서릿발 날리는 칼날에도
이 한목숨 죽어 한 줌의 흙 되어
이 나라에 꽃이 되리라 외친 순국선열들이여!

민족의 혼 깨워 불굴의 함성 불살라
죽기를 다해 광복의 그날 희망 품고
나라 사랑 옷 입어 한 몸 이뤄
광복의 그날 속히 오리라 하여
생명을 담보 삼은 순국선열들이여 영원하리라.

숲의 전쟁 외 1편

김 일 성

숲은 움직이지 않지만
그 숲에서 생존하는 동물들은
자연에서 주는 먹이를
찾느라 분주하다

다른 종이 찾아낸 먹이를
다른 종이 훔친다

훔치고 빼앗기고
빼앗기고 훔치고
함께 살아가는 법을 배운다.

늙은 호박

하늘은 높고 차가운 바람이 불면
일년 농사를 거두는 계절
그중에서 늙었다고 지칭되는 작물
늙은 호박

가을은 노란색
로댕의 생각하는 사람처럼
켜켜이 쌓여 서 있는
늙은 호박

늙은 호박은 늙었어도
애용되는 작물
예전에는 허기진 배를 채웠지만
지금은
각종 민약으로 쓰이고
갱년기 보약으로 주목받는다
늙었어도 환영받는
늙은 호박.

집시 외 1편

김 일 훈

귀를 열어 세상의 비밀한 이야기를 외우고
눈을 떠서 고난에 감추인 소망을 꿈꿀까
달빛 아래
계절이 바뀌는 곳을 지나온 사람들과 함께
오늘의 슬픔을 위로하는 노래를 부를까
별빛 아래
길이 이어지는 곳에 머무는 사람들과 함께
내일을 향한 그리움을 달래는 춤을 출까.

갈대

부스럭거리는 소리는
박자를 맞추려는 속셈이 아니라오

평생을 흔들리면서
춤추는 몸짓을 타고났다오

텅 빈 마음에는 복잡한 생각이 없소
바람이 분다오

그냥 서 있기가 너무나 힘이 들어서
이리저리 부대낄 뿐이라오.

늦봄을 맞는 사설 외 1편

김|종|기

　오월 초반에야 봄이 본격적이다. 철 바꿈이 더디고 느린 까닭은 잎 샘 꽃 샘 결국은 봄 샘 때문, 시샘은 천지를 이리 질리게 한다. 고택의 뜰에 돌보잖아 우거진 잡초 더미, 그 틈새의 민들레도 제비꽃도 할미꽃도 몸을 가냘프게 감춘 건 주눅이 들어서다. 담장 밑에 나직이 우거진 명자꽃 질 무렵부터, 머쓱하고 엉성한 모과나무 꽃철이 될 게다. 향기로 세상을 밝히는 봄의 절정 라일락 아카시아는 바람결에 향기를 멀리 더 멀리 발산한다.

　이름을 익히 아는 꽃은 날 사뭇 반기지만 이름을 몰라 낯선 꽃은 상호간에 아주 도외시한다.

　진짜로 봄날을 기다리고 기다리던 가난한 사람들은 잔뜩 허기져 춥고 넉넉한 사람들은 홀로 외로워 춥고 속이 비어 추운 건 누구나 마찬가지다. 이제야 어린 미혼모들의 앳된 눈물까지 따스하고 포근하게 보듬어 감싸주는 봄인데도 오월 초반 얄궂게 겨울의 끝물이 닥친다. 그런 인내의 극점極點에 올라서야 본격적 꽃 대궐, 그미같이 누이같이 이쁜 꽃들과 행복했어라. 그미보다 누이보다 고운 꽃들로 넘쳐나면, 늦봄의 순도를 당당히 높이며 여름으로 간다.

담쟁이

기어오를 뿐이다
이 필생은 어찌 담쟁이뿐이랴
너도 나도 타향살이하며
전생을 기고 기기만 했다
아슬아슬한 추락을 못내 견디는
결연한 인내가 나의 세월이었다
간절한 꿈은 다 뭉개져 버린 채
넝마가 되어 쓸모없이 되었는데
벽에 붙어 넋두리같이 생활하며
해마다 가을을 틀림없이 만나
이파리을 아낌없이 날려 버리고
앙상한 뼈로 바람을 타며
간신히 부지하는 목숨의 줄
혹한의 생존기를 넘으며 또다시
봄날의 여린 싹을 진실로 기다린다.

빈 의자 외 1편

김 진 태

그 누가
머물다 간 빈 의자

오늘 내가
그 자리에 앉으니 내 의자

내가 오늘
그 자리 비우고 가면
뒤에 오는 그들의 의자

앉으면 주인이지
주인이 따로 없다

세상살이 또한 그러하듯

떠나가는 사람은
미련도 후회 없이 떠나가라

그것이 삶의 순례이다.

굼벵이가 비상하는 날

암울한 땅속 삶에서
몇몇 해였던가?

밝은 세상 하늘 높이
비상의 나래를 펼치는
이 순간!

기쁨이랄까
아니면 슬픔이랄까?
울고 싶고 노래 부르고 싶어서

소리 높여 합창 소리는
매미들의 애환을 풀어놓은
오케스트라의 하모니!

짧고 짧은 여생
매미들의 운명이기에
후회도 미련 없이 살다가오니

사람들이여!
여름 한때 즐겁게 들어주소서
매미들의 애환의 소리를….

어느 날 외 1편

김태자

그리운 이 두고서
다음에 오리라고

흔들리는 발길 돌려
일상으로 찾아드니

아련한 미련이 먼저
문 앞에서 기다리네.

봉선화

봉선화 빗속에서
젖으며 피어 있네

손톱에 물들이던
넓은 집 대청마루

꽃들은 피고 피건만
그 세월은 어디 갔나.

가을비 외 1편

김│현│철

가을비 낙엽을 밟으며 오네
지난가을에 있었던 추억을 보에 싸서
이제 다시금 가지고 오네

뜨거운 눈물 글썽이며 떠나가 소식이 끊어진
허허벌판에
눈물은 그렇게 차갑게 식어서 내리네

가을비여 허공의 눈동자여
그간 어디에 있다가
이렇게 슬픔으로 다가오는 것이냐

이승에서는 세월이 서럽고
하늘엔 영겁의 망각이 사무쳐
저렇게 마른 나뭇가지를 후줄근히 적시는구나

어제는 몸을 감추고 구름 속에 머물더니
오늘은 이렇게 통곡처럼 천둥을 몰고 와
하염없이 눈물을 흘리는구나

가을비는 먼 길을 걸어온 발자국 소리
기다림 속에 내 가슴속으로 찾아든
반가운 손님이다.

오동도 애가

흰 눈 소복할 때
홀로 서럽게 울지 말라고
비너스의 눈물 한 방울로
붉은 꽃 피웠다

푸른 바다 위에
홍시 다린 노을 물들면
동백 우는 계절 한걸음에 달려오고
지상의 작은 천국은 들불처럼 타오른다

동백 꽃잎에
곱게 써 내려간
다정한 여인들의 사랑
저녁 바다 들숨, 날숨 주섬주섬 온기 품을 때
켜켜이 쌓인
날아가 버린 사연들에
황혼이 그리움 흘러
마른 가슴 저미거든
그대 오라, 붉은 동백 자지러지는
오동도로.

밀가루 반죽 외 1편

김│현│태

새하얀 영혼에 스며든 온기
설레임 물들인 열정의 향기 짙게 뿌려
쉼 없는 사랑으로 주물럭 주물럭

몸과 몸 부벼대
낭창낭창한 몸짓의 숨결 솟구쳐 오르며
들숨 날숨의 경계 넘나들고 있다

요리조리 나뒹굴어
희미하게 결박된 고요 흩날리다 몰려들어
수많은 손길로 다져 놓은 인연

마음의 문 열어 젖혀
현란한 놀림으로 터치하는 춤사위 날리니
한몸으로 새롭게 태어나고 있다

지워 내는 자욱마다
하얀 포말처럼 부풀어 오른 절박한 눈빛
오롯이 맞잡은 손길 채워 넣고서

고통 참아낸 고고한 맵시
골 깊은 흔적 깊숙이 묻어둔 채 드러누워
끊어낼 수 없는 언약 꿰매고 있다.

여름날 오후

목덜미 적신 땀방울
멈출 줄 모르는 파장의 울림 매달려
지친 몸뚱아리 타고 흘러내린다

한낮 쏟아내는 폭염 앞에
자꾸만 나른한 어깨쭉지 늘어뜨리며
물 한 바가지 들이켜 목을 추긴다

내려쬐는 열기들이
스멀스멀 파고들어 쪼아대
뽀루퉁한 속울음 웅크린 채 서성이고

풀잎에 매달린 뜨거운 햇볕
할딱거리는 속앓이 돌돌 말아 올리니
한 줄기 소나비 내려 더위 식힌다

가지 끝에 걸린 더운 바람
스르르 기어들어 온몸 더듬거리며
이글거림 머리에 인 채 반추한다

꽃댕강꽃 진한 향내 뿜어
뜨겁게 데운 가슴 꾸덕꾸덕 채워 놓고
수줍은 미소로 연정 불러 모은다.

나이 들면 다 그래 외 1편

김훈동

글씨가 까물거린다
바늘귀가 보이지 않다며
"애야, 실을 꿰어 다오" 하던
엄니의 모습이 떠올랐다
그때 엄니와 엇비슷한 나이가 된 듯하다

머리도 둔감해진다
부드러움도 순발력도 쇠한 듯하다
"늙어 가는 게 아니라 익어 가는 거"라고
나이듦을 위로하고 응원하려는 노래가
오늘따라 서글퍼진다

안경을 썼다가 벗었다가
눈이 아롱거린다
이제껏 바라보던 모든 것들
다시금 거리를 조정한다
나를 벗어나 멀리 바라보라는
도리를 일깨워 주듯

나이 들면 다 그럴까.

얼굴무늬 수막새

끝이 언제인지 모르는
어둠 속에서도
포근한 당신의 미소가 있음을 압니다

어려워도 절망하지 않고
잔잔한 물결처럼 미소 짓는
어진 선조들의 지혜가 있음을 압니다

위태롭게 흔들리는
지친 마음을 녹여 주듯
바라보는 어진 미소가 있음을 압니다

"괜찮아" 하는 어머니와도 같은
천년 기품 지닌 미소가 살아 있어
코로나 불안을 날릴 희망이 있음을 압니다

천년 전이나 지금이나
알 듯 모를 듯한
미소를 잃지 않는 얼굴무늬 수막새가 있음을 압니다.

※보물 경주 얼굴무늬 수막새

세상살이 외 1편

노 민 환

그래요
인생살이가
지금까지 생각처럼
헐렁하고 단순한 것이 절대로 아니더군요

겉으로는
만만해 보여도
속을 찬찬히 들여다보니
온갖 이해관계가 얽히고설켜서
앞뒤 계산이 자꾸 꼬이기만 했었고
세상은 번번이 거꾸로 돌아가고 있었지요

나는
그런 어지러움 속에서
살아남는 최소한의 방법을 몰라
아직도 산천 초원 푸른 꿈만 꾸며 삽니다.

무지개

나는 지금
그리움 가득한 눈물방울로
그대 초원에서 빗줄기 사랑 떨어뜨리고 싶다

그리고 다시 시작하듯
싱그러운 바람으로 구름 떠밀어
하늘에서 일곱 분필 그림으로 마음을 채우며

무수한 물방울 뿌려
꿈꾸는 내 사랑 천천히 깨운 다음
선명한 그림자로 하늘 위에서 반원을 만들고

이제 남은 그리움은
먼 여행의 길동무로 선택된
저 무지개처럼 아름답고 뜨겁게 가슴 태운다.

아내 외 1편

노연희

새벽녘 눈 뜨니
머리카락들이
이리저리 부산떨며
노려본다

인내의 끈일까
고난의 끈일까
세월의 끈일까

추억 저편
모진 바람 맞으며
나이 들고 노쇠한
낯익은 모습.

그리움

오늘도 염치없이 추억은 일어서고
목덜미 서러워도 설레임 그 팔 아래
지평선 기다림 모아 붉은 가슴 채운다

바람이 빚어 놓은 목마름 둘러메고
촉촉이 젖어들어 주름진 길 나설 때
달려든 사색 한 덩이 떠다니며 노닌다

외로움 휘감아도 보고픔 껴안고서
한나절 쉬어 가는 꽃 향기 활짝 펼쳐
구김살 쭉 퍼지도록 파고드는 안식처.

지구를 향한 빛
— 훈민정음

노│정│애│

창문 열고
빛 들어오게 하는 소리
자연이 공평해
누구나 찾는 사람 막지 않는다

하늘[天] 땅[地] 사람[人] 손잡고
사람의 발음 기관마다 입 맞추니

잠자는 선화공주善花公主처럼
발음 기관마다 깨어나
서동薯童의 신부가 될 수 있다

어금닛소리[牙音]	ㄱ	ㅋ		ㆁ
혓소리[舌音]	ㄴ	ㄷ	ㅌ	ㄹ
입술소리[脣音]	ㅅ	ㅈ	ㅊ	ㅿ
목소리[喉音]	ㅇ	ㆆ	ㅎ	

두 영토 하나의 영혼으로 동화
잠든 두레박 없는 우물가
백성들 생명수 먹이는
선계仙界의 손길

세계에서 550년 앞선 성군聖君
디지털 시대 예견한

백성의 글 창제하셨느니

종횡무진 마음 전할 수 있는
종달새의 아름다운 노래
지구를 향한 빛이다.

반려자 외 1편

노 준 현

언덕배기 바람은
내 안의 고통을 밀고 가듯 보채고
흔들리는 바람 따라
멀미처럼 일렁이는 호흡으로
가늠을 못하는 갈대 같은 몸짓이다

언제나 마음은
들녘의 허수아비처럼 느긋하고 싶은데
칭얼거리는 바람은 그리움만 심어 놓고 가네
죽어도
지문처럼 남아 있을 그리움은
내 삶에 숨겨진 미지의 세계를 꿈꾸는
내 삶의 반려자인가
파란 들판 같은 인연의 끈
나 홀로 옛 동산에서 서러워라.

회상回想 · 1

씨를 뿌려 가꾼 텃밭에
망초대 먼저 푸르르고
수없이 공을 들여 가꾸어도
잡초만 무성하다

계절은 기다리지 못하고
산 노을 지는 듯
숨 가쁘게 가는데

먼 산의 아지랑이도 한때 피어나는 듯
인생길 길다지만
시간은 기다려 주지 않고
흘러버린 시간 되씹어 봐도
언제나 잡초 같은 삶

노을 진 들녘에 쓰다 버린 허수아비
잃어버린 계절 아쉬워하네.

우수절에 외 1편

도 경 회

가을 겨울 겪으며 촘촘해진 해가
슬그머니 숨어 버린 열아흐레 저녁

결 고운 바디
명주올 고른다
보시락 보시락
밤도 이슥하여라

낮은 나무 덤불
가느다란 가지에 오목눈이
꽁지깃 들었다 놨다
디딜방아 놓는 새벽에

어머니는 젖가슴 간지럽다
질경이 민들레 느릅나무
뾰족뾰족 파릇파릇 볼이 수줍어

기다렸는가
전화벨 소리
저만치 연분홍 참꽃이 참 곱다.

언청이

 은행잎 같은 윗입술 돌배기 셋이 차례로 수술을 한다 고아원 원장이 아버지라 성이 같다 아이들은 제아무리 잘 달래고 안아주어도 모내기철 논개구리처럼 우는데 이 아이는 볼우물도 깊게 방글거린다 손만 내밀어도 줄을 타는 거미처럼 재빠르게 안겨와 품 속 깊이 파고든다 꼼지락거리는 분홍 발가락 복사꽃은 지고 핏줄이 그리운 거야 콧등 찡해지며 가슴 더워진다 겨드랑이 아래 오래전 마른 젖 핑그르르 도는 것 같아 온몸 저리다 품에 안은 채 수면제 주사로 재워 수술대에 살며시 눕힌다 입술에 남을 흉터보다 탯줄 당겨오는 견디기 힘든 아픔으로 우레치는 폭풍 겪을 사춘기쯤의 네 모습 어른거려 허방에 빠진 듯 하루 종일 발걸음 휘청거린다.

오늘 외 1편

류|순|자

기다리는 바람 맑아질 나 가두네
안타까움 지칠 줄 모르는 나
겨우 고개 돌려 또 다른 침묵이 된 이유
닮고 싶지 않다
산과 산 사이에서 아픔이 분분한 이제
사무친 발자국 찍으며 모래처럼 아직 남은 꿈
처연히 바라보아야 할
함께 할 수 없는 나 흔들고 지나가네
인내하는 격정의 순간을 이토록 여며 왔건만
내가 흘린 아픔의 부스러기
촉수가 높아진 소리 될까
이제 파고드는 아픔인가
얼굴 붉히며 바라보는 내가 버리지 못한 오만인가
눈 뜨게 했고 귀 열게 했지만
꽃 되지 못한 눈물 걷잡을 수 없이
격정으로 물결치다가
나누지 못한 빛깔로
잔잔히 흐르는 물결로 얻어지는 기쁨
언뜻 보이네
몇 번인가 피어나는 그리움
현미경에도 잡히지 않네
마음 단단히 동여매고 때 기다리는가
수만의 눈물 시간의 독 넘어
아슬한 곡예로 솟구치네.

길 위에서

햇살 닿는 곳마다 봄 기다리다
내밀한 아픔이다
덧없는 기다림의 고집들 낱낱이
뽑아내려다 홀연 마음의 키 높였나
희망은 다 어디 가고 온 공허와 구름뿐
기억도 대숲에 묻고
마음이 흔들리며 나는 거기 그대로
조각난 속을 저민다
사시사철 수런거림 앞 가끔 숨 고르다
노래 한 소절 지워지는 동안
키재던 길 어긋났다
내 앞 머뭇거리며 그리움들 아득히 밀려나고
산 넘어온 빛 구름 되고
세월 두고 힘겨워하며 일기 쓴다
애증으로 얼어붙은 길 돌아설 줄 모르다가
세월 가는구나
내 인생 비 내려도 부동자세의 나 보라.

제비꽃 당신 외 1편

류 재 상

몹시 모가 나서, 매끄럽게 땅위를 굴러가지 못하는 내 등
뒤로! 봄비처럼, 촉촉하게 수레를
끌고 오는 당신은! 정말, 추운 겨울을 이기는
강한 제비꽃입니다!
빛바랜 자존심만
달팽이
껍질처럼 등에 지고, 자꾸
먼데로만
눈길이 가는!
그런
설익은, 내 삶의 껍질 속으로!
그래도 당신은, 알찬 뿌리를 잘 뻗어 주었습니다! 속상해서
몹시 짹짹거리는, 새[鳥]들이
순결한
당신의 주위를
더럽히면!
저쪽의 아지랑이로 깨끗이
쓸고 앉아,
꽃샘 같은 추위에도
당신은 더욱 강強한
제비꽃이 됩니다! 양지바른 우리 가족의
틈바구니에, 아직도 찬바람에
서걱대는 마른 풀잎들! 끝끝내 얼지 않는, 당신의 작은

뿌리 끝에! 어느새, 봄[春]이 커다랗게 매달려 있음을 봅니다!

끓고 있는 우리 집 찌개

여보! 당신이 끓이는 찌개가, 보글보글 우리 집 건강을
지키고 있는 한! 우리 가족의 사랑도, 항상 그렇게
보글보글 맛있게 끓을 겁니다!
때로는 이유 있는, 우리 아이들의 불만과
값진 당신의 짜증도!
다 얼큰한
우리 집
사랑의,!
찌개인 것을 알았습니다!
우리가 신혼新婚으로
새 출발할 당시, 월세방 한쪽 구석에
겨우 숟가락 두 개만, 달랑 놓였던 가난이! 이제는 제법
의젓한, 단독주택으로 자라온 세월!
여보! 그동안 참으로
어렵게 걸어온, 우리 집
가난의 냄비에!
냉이같이
향긋한 당신의 사랑이
그 얼마나
열심히, 뜨거운 삶의 찌개를
끓여왔나요! 오늘은, 모처럼
당신이 끓이는 찌개로! 저 맑고 푸른 하늘, 한잔 따라
마시고! 어느덧 희끗한, 당신의 중년中年 앞에! 사랑의

그 고귀한, 의미만큼! 참으로, 흠뻑 취醉해 보고 싶습니다!

꽃불 붙은 황매산黃梅山 외 1편

리 창 근

빠알간 꽃불이 온 산을 다 태운다
세 송이 매화꽃 물에 잠겨 수중매水中梅
황매산黃梅山 철쭉꽃 피면
인산인해人山人海 꽃구경

희살 짓는 바람은 옷깃을 훑고 가고
천상화원天上花園 황매산黃梅山
꽃물결이 출렁이면
오월의 꽃 물든 마음
산등성을 넘는다

멀리 두고 떠난 사랑 세상사 질긴 인연
하늘 펼쳐 누운 구름 황혼녘 꽃 그림자
운해는 노송에 걸려
바람에 나부끼고.

까마등 먼당

세상이 물바다 온 천지가 개벽 되던
먼 옛날 옛적 얘기 내 삶의 터전 곁엔
까마귀 등짝만큼 남은 산 정상 빈 공간

사람들 세상살인 언제나 팍팍하고
살아서도 한 세상 죽어서도 한 세상
인간의 모둠살이가 이래서 혼돈인가

까막산 등성이엔 잡풀들이 무성하고
옛날 옛적 이야기는 덤불 속에 묻혀서
지나간 삶의 궤적을 뿌리로 엮고 있다.

※까마등 먼당: 까마귀 등의 맨 꼭대기(경상남도 산청군 생비량면 도리의 집현
  산의 7봉 까치봉)

새 달력을 걸며 외 1편
—2019년 마지막 밤에

모상철

서둘러 갈아 건다 내일에 설레면서
속은 채 건넌 바다 열두 달 지우려고
물결에 또 한 물결이 맞부딪는 격랑 속

속모를 도사공에 한 목숨 맡겨야 할
다섯 너울 끝은 먼데 하늘마저 머흐다니
뱃머리 미친 듯이 날뛰어 부서질 듯 빠질 듯

금 가는 방파제의 신음 소리 버려두고
기우는 푸른 돛대 몸부림을 흘려 보며
악물고 견뎌 사는 지옥에 뒤척이는 이 한밤

새날엔 새 해 떠서 새 세상 밝혀 주리
막아선 절망의 덫 새 꿈으로 밀어내고
뉘우침 다시 없을 나날 열었으면 싶어라.

비둘기는 오지 않고
— 육이오 70주년에

남들이 그어 놓은 한 뼘 금이 발목 잡아
핏줄은 갈라지고 백골의 철조망에
한 겨레 어쩌다 원수 되어 손잡을 줄 모르나

소망의 사금파리 어둠에 박혀진 채
광풍에 길을 놓쳐 휘청댄 고비 고비
한 세월 한 맺힌 노래 넋두리로 흐를 뿐

그 여름 불꽃 벼락 눈보라로 살아 있어
악물고 버텨온 날 이끼는 짙어지고
꿈길에 가물거리며 멀어지는 종소리.

거류시인 만평매화원 외 1편

문 인 선

그대, 서러워했나요
매화나무 한 그루 심을 땅 한 평 없다고

그대 넓은 가슴 펼쳐 보아요
만평 땅은 될 텐데요
은하수를 당겨 폭포를 만들까요
섬진강을 끌어다가 연못을 만들까요
그 위로 구름다리
그 곁에 정자 하나 세우세요
지리산 큰 소나무 은근슬쩍 끌고 와
정자 곁에 세워 두고
누렁이 한 마리도 붙들어 맬까요
공작새 두 마리도 노닐게 해야지요

백매 홍매 꽃 피게 해요 만평 땅 몽땅

천지의 봄도 제일 먼저 올 걸요
어머, 벌써 까치 소리 나네요
누가 몽유매원이라 쑥덕대거든
시인 아무개 매화원이라 문패를 붙여요.

참새가 혀를 차다

공원에서 비를 만났다
곁에 있던 후박나무 잽싸게 우산이 돼 주었다
여름날은 그늘이 돼 주던 착한 나무여
나도 누구에게
우산이 돼 줘야지 생각는데
그 아래 찢어진 복권 한 장 누워 있다
누가 나무 아래 앉았다 갔나 보다
오백 원으로
억대를 꿈꾸던 제 욕망
좌절에 대한 화풀이만 했나 보다
그걸 본 참새 한 마리 쯧쯧
혀를 차고
눈살을 찌푸리던 나무는 바람을 부른다
시체가 된 복권 조각 좀 치워 달라고

누군가 또
쉬어 가게 해야 한다고.

가을비 외 1편

민 병 일

내려앉은 회색빛 하늘 아래
바순의 공명이
지친 가을날 오후에
도회의 빌딩숲 사이에 흐른다
뒤척인 지난날의 추억은
목관木箺을 빠져나와
서성이는 걸음 발끝마다 머물고
더 낮은 탄식의 베이스는
마른 가슴속 깊이
비창의 빗줄기 되어
사선으로 꽂고 또 꽂히고
멈춰진 신호등 앞에
우수의 오후를 적신다.

그리움

남해 한가운데 연모의 섬 하나
추억의 홍자 향기 밀물같이 다가오면
멀미 속 그리움에 아련한 지난 세월
바람 달 구름
비탈진 다랭이 논길 따라서
갈무리 삶 음풍농월 가락에
홍자 향 훈풍 되어 바람결에 날려 온다
눈 감아 목마른 세월 속 아픈 인연 떨치고
먼 길 찾아왔는가
어느 겨를 이리 아픈 뒤척인 세월은
홍자 향기 꿈속에 와 닿고
안을 수 없는 그리움 자국에
시린 세월 뒤로하고 섬을 떠나고 있다.

첫사랑 외 1편

박 근 모

뇌리에
샘이 되어
고이는 그리움을
가슴에 쟁여 놓고
한 갈피씩 열어 본다

앵두 빛
입술에 실린
푸른 꿈을 삼키며

밤마다
꿈속에서
그리던 임의 모습
아련한 기억 속에
회억으로 남은 잔영

저만치
아른거리며
반짝이는 반딧불.

인생

바람이 부는 대로
구름이 흘러가듯
쉬지도
못하지만 지치지도 않는 것이
물같이 흐른다더니
햇살같이 닫더라

흐르는 세월 따라
떠밀려 가다 보니
어디로
가는 건지 어디쯤에 멈출 건지
알고서 떠나는 이가
하나라도 있다던가?

초행길 구구만리 외롭게 가다보니
멀고도
험한 행로 의지할 길 없는 여정
운명의 고리에 엮여
개어귀에 이른 발길.

강천산 산채 비빔밥 외 1편

박|달|재|

따가로운 햇살 삶이 풍요로운 날
고추장이 익어 가는 청정고을 순창에
강천산 비경을 빙 한 바퀴 돌고 나면
어느새 출출하고 허기진 식탐
산채 비빔밥을 한 그릇 먹어 보자

큰 그릇에 이것저것 산채 가득 고봉
잘 익은 빨간 고추장 한 숟갈 듬뿍
이리저리 쓱―쓱―쓱― 비비고 섞어서
한 입 꿀꺽 삼키면 쪼르륵
금세 붉어진 얼굴 꽃이여 단풍이여

누구나 한번쯤 꽃이고 단풍이고 싶다
가자 고추장이 익어 가는 청정 순창으로
먹어 보자 청정 웰빙 산채 비빔밥을
바로 꽃이 되고 단풍이 된다
"강천산 산채 비빔밥! 화끈해요"

※강천산: 전북 순창군 군립공원

그냥 그래

세상살이 하루 살기가 역겨워

저승사자보다 무서운 불안 공포의 코로나
묻지 마라 퍼붓는 호우태풍의 물폭탄
푹푹 찌는 한여름 날 불면의 열대야
이런 날에 어찌 사시느냐 카톡이 왔다

타고난 사주팔자가 무던한 덕에
가는 날이 오는 날 그날이 제날 되어
평범한 일상에 감사하는 마음으로
'그냥 그래' 카톡을 답했다

어찌하면 하루가 지루하고 순간인 것
기쁨 슬픔도 제 마음속에 있는 것
기도하나니 오늘 하루도
'그냥 그래' 대답하게 하소서.

야바위꾼 · 1 외 1편

박|대|순

   대전역 건너편 아카데미 극장 길은 언제나 붐볐다. 붐빈 만큼 골목길 한 귀퉁이는 '그 딴 놀이로 나를 속였구나.' 하고 추억을 하기도 했다. 한 송이 붉은 장미꽃처럼 미소를 띤 거친 야바위꾼들을 보면 순박한 시민들 발걸음 앞에 나는 안타까웠다. 이 미숙한 세월을 바라보며 언젠가 좋아지겠지 했던 그 야바위 세상이 다인 줄 알았던 것이 부끄러웠다.

   성경 어느 구절에는 미워만 해도 살인이라 했는데 이 땅을 오염시키는 야바위꾼을 미워한 적이 어디 한두 번이던가. 야바위꾼 세상에 태어나서 야바위꾼으로 살아야 하는 이 부자연스러움이여.

   이 땅, 어느 하늘가에다 창문을 열어 놓고 어제의 야바위 세상이 오늘의 아픔이 아니기를 오늘도 기도했다. 늘상 보는 하루가 어찌 맑고 푸르기만 할 수 있을까 하는 일기예보를 바라보는 일이다.

   이 땅 어느 구석에 야바위꾼들,
   거미줄을 치고 있겠지 하는 소낙비 같은 이 안타까움이여.

야바위꾼·2

우리 동네 달음박질은 가장 먼저 도착하는 이가 금메달이다.

어느 대회에서는 오랫동안 잘 달려왔다고 월계관을 씌워 주기도 한다. 세상도 달음박질 하면서 산다. 그렇지 않던가. 따뜻하든 덥든 살살하든 춥든 쉬지 않고 달음질하다가 도달하는 야바위 인생, 그러니 그 꿈, 비바람 속에서도 모두가 달려왔으니 월계관을 쓸 수 있어야 하는 것이 아닌가. 여전히 야바위꾼이 활동하는 세상에서는 다 월계관을 쓸 수 없는 안타까움이여.

이 세상, 그 경주의 끝, 나는 이루어 놓은 일 하나 없이 어리석은 손길 하나 내려놓듯이 세월을 보신하며 보내온 야바위꾼의 삶. 겨우 그림 몇 장 남기고 정거장에서 먼저 오는 버스를 타는 야바위꾼들을 보는 안타까움이여.

봄꽃 따라 임에게 외 1편

박 래 흥

내 머리는 백두영봉 허리는 백두대간
온 누리에 울긋불긋 단풍 든 가을은
백두서 금강산 타고 한라로 내려오고

내 마음은 임을 향한 그리움의 바다
금수강산에 꽃향기 뿌리며 봄꽃은
한라서 지리산 타고 백두로 올라간다

천지 물은 압록강 두만강을 이루고
백록담 물은 흘러 한려수도 이룰 때
천제단 단군신화는 홍익인간 만들었다

대동강 너의 정맥 한강은 나의 동맥
목마른 한반도에 젖줄로 흘러흘러
서해西海서 서로 보듬고 태평양으로 흘러간다

밤하늘 은하수가 갈라놓은 견우직녀
남북은 열강들이 갈라놓은 우리 남매
오작교 다리를 놓아 어서 빨리 만나자

동강난 깊은 상처 무궁화꽃 심어 놓고
호랑이 포효하는 땅 끝에서 시작하여
삼천리강산에 통일 노래를 부르자.

봄 여름 가을 겨울

봄에는 금강산의 벌 나비가 되어서
앵두꽃 개나리꽃 제비꽃 진달래꽃
꽃방석
앉아 놀다가 그리움 먹고 오리라

여름엔 구천동의 개똥벌레 되어서
반짝반짝 은하수로 흐르다 남남북녀
만나면
못다 한 사랑 이야기로 밤새우리라

가을엔 영산강변 파스칼의 갈대 되어
우리 할 일 무엇인가
생각하다 한 핏줄
보듬고 내 영혼 잠들 동산으로 가리라

겨울엔 북풍한설 가르는 철새 되어
한탄강을 자유롭게 넘어서 평화로운
내 고향
빛고을에서 오순도순 살아가리라

아름다운 금수강산 한 서린 휴전선에
로댕의 생각하는 사람으로 앉아서
한반도 하나 되기를 날마다 기도하리라.

봄 그리고 봄 외 1편

박│명│희

서너 마장 전쯤에서 끊어진 봄소식
어디쯤 왔을까 궁금했는데
쿵, 쿵, 쿵,
꽃잎 떨어지는 소리
내 평생 저리 큰소리로
꽃잎이 떨어지기는…

일상은 사라지고
가늠할 수 없는 삶의 혼란
이 아름다운 계절이
낯선 두려움에 갇혀 있다

길가에 민들레
손자녀석 발톱만 한 제비꽃
모두 제자리에서
봄을 잘도 찾는데
인간 세상만 우왕좌왕

그래 손자야 우리도 찾아보자

무릎 꿇고 두 손 모으고
넓고 깊은 섭리의 눈으로
그 익숙하고 순한 설레임
힘찬 연둣빛 행렬.

손톱깎이

갓 결혼한 아들이 다녀갔다
제가 쓰던 방을 정리한다며
'이건 엄마 꺼'
거실 장식장 위에
아들이 분리해 놓고 간 내 물건
언제인가 내 화장대에서 가져간
손톱깎이와
몇 개 없어진 껌 한 갑
얌전하게 분리해 놓고 갔다

삼십오 년 전 내 몸 안에서 나와 주었던
삼십오 년 동안 내게 달달한 꿈을 심어 주었던
내 아들
이제 그렇게 분리해 놓고
제 집으로 갔다

나는 아들이 잘라 놓고 간 손톱과
다 씹고 버린 껌의 시간들을
다시 주워
내 화장대에 넣으며
아들의 뒷모습을 보고 있다.

담쟁이 · 3 외 1편

박미자

잔잔한 약속들을 하늘하늘 적어 올라가며
초록 이파리들이 동색 리본을 엮고 있다
본능적으로 껴안고 가는 거다
질서 있는 묵언과 미더운 손가락 사이로
아찔했던 시간들도 있었겠지
저토록 푸르게 덮는 힘은 어디서 나오는 걸까

가파른 기억을 더듬으며 벽을 탄다
저것만 넘으면 환해질 거라는 믿음으로
고뇌를 짚고 건너가는 지문들
벽의 길은 더 이상 자라지 않는다고 했다
누가 등 떠밀지 않아도 자초한 일들
닿을 수 없을 것 같던 희망의 길 위에서
매달린 가쁜 호흡 잠시 내려놓고
기도문을 읽는다.

촉
— 목련

저 촉수는 한 곳을 향해 있다
그건 아마도 도져 오는 향수를 좇아
은밀한 내통을 하고 있거나
인생 해답이 숨겨져 있는 통로일 수 있다
수상하다
올려다본 시선은 허연 속살만 보일 뿐
무엇을 응시하고
어떤 것을 더듬고 있는지
도무지 알 수가 없다
어쩌면 쓸쓸한 연서를 쓰고 있거나
저릿한 아픔을 엿듣고 있진 않을까
가물가물하다
그러나
내 촉은 예민하다.

허공에 쓰는 편지 외 1편

박 | 민 | 정

하늘을 바라보면
모든 게 사라질 것 같아
흔적을 남긴다

안개 속을 수놓는 그리움
바람 불 때마다 아우성치는
그 손짓 오늘도 석양에 비껴앉아
허공으로 편지를 보낸다

난 늘 배가 고프다
얼음보다 더 차가운 아버지

어제도 오늘도
임자 없는 허공에
허기를 달래며 눈물짓는다

가슴이 다 무너져도
헛손질 한번 하지 않는 아버지
내일도 허공에 쓰는 편지는
수취인 불명이다.

슬픔이여 안녕

그만큼 내 맘속에 머물렀으니
이제 그만 안녕을 고해 보렴
너는 오늘도 그렇게 흐려진 채
실성한 바람처럼 흐느끼겠지

잠시 마음속에 피었다 지는 꽃이라도
메트로놈의 박자에 맞춰
숨넘어가도록 춤을 추고 싶었지

이제 처마 끝에 영근
눈물 속에 핀 꽃잎으로
너를 보내야 하겠지

슬픔이여 안녕
한 방울의 눈물도 보이면 안 된다고
오늘도 처마 끝에 영그는
빗물처럼 울고 있지.

가을이 걱정이다 · 1 외 1편

박│병│성

한 잔의 커피로 몸을 데워 봐도
마음은 온기를 채 머금지 못하는데
우련한 그리움 하나로만
이 가을을 이겨낼 수 있을까
걱정이다

서리 맞은 당단풍 진한 눈빛 하나로
그 모든 말들 침묵으로 다스리는 가을,
풋풋한 연녹색 만남으로 시작하여
이제는 잘 익은 오가피 낮술 한 잔에도
붉어지는 사랑인데,

서리 맞은 꽃무릇 진한 빛깔 하나로
무엇 하나 걸치지 않은 맨몸,
만나지 못하는 잎과 꽃의 거리만큼
이기지 못할 오랜 그리움인데,

어느덧 낙엽과 함께 소슬바람이 실어 오는
툭— 하며 떠나가는 것들의 쓸쓸함으로
이 붉게 타는 계절을 배겨날 수 있을까
… 걱정이다.

가을이 걱정이다 · 2

어제처럼 준비 없이 맞는 이 가을을
낙엽이 실어 나르는 서슬바람 내 안에 드는데
아무 일 없는 듯 넘길 수 있을까 걱정이다
거울처럼 투명해진 하늘을
가으내 아무렇지 않게 올려다볼 수 있을까
어느덧 부드러워진 햇살과 함께
매미 소리는 풀벌레 소리로 잦아들고
치열한 대결을 거둔 들판에 서서
벼나 수수나 강아지풀 여물어
낮은 데로 고개 숙이는 경건함을
현실로 받아들일 수 있을까 걱정이다
열매를 가실하고 다시 한 꿈으로
당당히 낙엽 떨구고 다시
벌거벗은 나목을 쓰다듬고
눈물 없이 더불어 지날 수 있을지
아침 이슬 몇 모금으로 다시 살아나는
희디흰 구절초처럼
꿋꿋한 아버지, 그 그리움 하나로만
이 가을을 이겨낼 수 있을지
… 걱정이다.

이양의 계절 외 1편

박병수

다랭이 논에 물을 대어
써레질을 하고
흙탕물 위로 위로 이양기가 지나간다
모내기철이 돌아왔다

"농사는 농시야
사람은 분수를 지키며 살아야 한다"
논가에 장미를 가꾸어
환하게 꽃 피우셨던 아버지

방아풀 쇠바랭이 부평초까지
온종일 논풀 매시며
고단한 세월을 사셨다

송편 같은 산월이 둥실 떠오고
개구리 합창 소리가
꿈결 같이 들려온다.

음섬 포구

숭어를 잡기 위해 수문 난간에 기대어
릴낚시를 던지거나
오색영롱한 조명 불빛이
해변 카페에 켜졌다
지리한 장마 끝에 황톳빛 빗물이
뱀처럼 휘어져 나가고
뜰채로 건져 올린 것은
아메리카노 커피 향이나
몸끼리 부대껴 만들어진
비릿한 갯내음일지도 모른다.

능금 외 1편

박상렬

뉘 볼세라
푸른 잎에 숨어 있던 파란 능금
무지 더운 여름을 견디고
햇빛은 살아 있는 살을 성숙시킨다
하여, 빨갛게 익은 능금
따먹을까 생각하니
누군가의 원죄가 무서웠다.

대화

시간도 정지하고
한 점 바람도 없는데
누구 없나?
뻐꾹
여기 있다
뻐꾹
보고 싶다
뻐꾹
나도 보고 싶다
뻐꾹
이리 올래?
뻐꾹
나도 보고 싶다
부엉
너는 보고 싶지 않다
뻐꾹
내가 갈 게 기다려
뻐꾹
알았다. 기다릴 게
뻐꾹 뻐꾹
잠시 후, 나뭇가지가 흔들리고
숲은 환희의 노래가 가득했다.

고임돌 외 1편

박 상 진

크기와 고집 제각각인
큰 돌 틈새 사이사이
등짝 밀어넣고 웅크린 작은 돌

어떤 이는
아랫돌 방석 삼아 덜거덕거리며
윗돌 받치는 시늉만
어떤 이는
긴긴 세월 눌림의 무게에
부서지고 튕겨져 나갈까 봐
다리 펼 수도
신음소리 한마디 낼 수 없는 굄돌

하잘것없이 뒹굴었을
네가 아니었다면
파란 이끼 품고 반듯하게 서 있는
돌담도 없으려니

여태껏 외골수로 쌓아 올린
곰삭은 돌담에서
나는 과연 어느 돌인가.

지게와 바지게

지게 걸머지거나 바지게※를 져도
가쁜 숨에 허리 굽는 것은 마찬가지
지게는 혼자만의 짐을
바지게는 가장家長이란 짐을 지는 것

지겟가지에 바지이※ 올린 순간부터
지겟등태 다 닳도록
의지할 것은 지겟다리와 지겟작대기뿐
누구도 대신 질 수 없는 짐

바람만 불어도 눈물 고이는
석양에 서성이는 진이 빠진 바지게
어깨 짓누르는 바지이 군소리를
들어도 못 들은 척
숨찬 황토 비탈 터벅터벅 넘는다.

※바지게: 바지이를 얹은 지게
※바지이: 싸리나무로 엮은 반달형 지게용 발채

내 마음 외 1편

박｜서｜정

누가 내 마음 알리오
냄새 없이 썩고 썩은 세상
차마 눈 뜨고 볼 수 없어
이 땅 끝, 저 땅 끝까지
입 막고 너는 떨어져 살아보라

코로나19 바이러스
사람들 온통 숨죽이며
지탱하기 어려운 시련
무거운 침묵 흐르지만
기막힌 기도 제목 나라사랑

뜬금없이 밀려드는
어린 날 그리움
내 고향 낙동강 샛강가
나비 춤추던 갈대꽃 언덕
대나무 숲 둘러싸인 외딴집

천둥 번개 치던 날
어머니 품에서 속삭이던
그날이 꿈이었나
어둠 같은 세상에 갇혀
사랑하던 부모 형제
나의 곁을 떠나고
젊음 너마저 나를 떠나구나.

따오기

소나무 가지 사이
노을 걸어놓고
잔가지 물어 들여
얼기설기 엮어 쌓아
깃들일 둥지 꾸민다

호젓한 소나무 숲
으늑한 작은 둥지엔
꼬무락꼬무락
끌려든 눈길

귀여운 새끼 세 마리
칙칙한 털옷 입혀 놓고
따옥따옥 따~옥
심어 주는 어미의 사랑.

맥문동 연가戀歌 외 1편

박 순 자

큰 나무 풍성한 그늘 아래
꿈을 주는 터전을 일구어
가족이 모여 살아 가고 있습니다

때때로 햇살을 당겨가며
자줏빛 꽃망울 터트리고
미풍에 얹어 소식을 나누었습니다

어느 날 삶의 무게가 버겁다고
지혜롭게 떠나기로 한 날
형제는 하늘을 바라보았습니다

긴 겨울 동안 생채기 다독이고
회상回想의 미소로 엮어 가며
해후邂逅의 기다림이 되고 있습니다.

만경강

갯지렁이 뻘 속에 숨어들고
먹이 사냥 왜가리 빠른 걸음도
서해바다 물길 드나들던 줄기였다

넓은 논과 밭은 계절마다
색다른 먹을거리 가득 채워져
긴 세월 풍요로운 농부의 자리였다

광활한 간척지 새롭게 다지자
농경지는 생태공원으로
자연의 벗들은 고향이 되고 있다

갈바람 속에 향기 나들이
옛이야기 들려주는 둑길 따라
주워 담는 젊은 날의 그리움이다.

인연을 위해 외 1편

박 연 희

나는 기도합니다
내 인연의 나날이
건강한 마음과 편안한 삶으로
행복하기를

또 다른 바람이 있다면
내 인연의 힘겨운 하루가
나의 응원에 힘내서
에너지 넘치는 시간이길

마음에 핀 꽃이기보다는
잔잔하게 흔들리는 풀꽃처럼
변함없이 그 자리에서
날마다 평화롭기를

힘겹고 지쳐도 희망 안에서
건강한 몸과 마음으로
작은 일에도 크게 웃는
튼실한 삶이길 기원합니다.

동반자

표현이 서툴다 해서
사랑이 부족한 것은 아니라오

그저 마음으로
느껴 주길 바라는 것이지
진정한 사랑은
머리가 아닌 마음에 담는 것
믿음에 기대여
고단한 삶을 위로하면서
서로 다름을 인정해 가는 것이라오

귀하게 맺은 인연
남은 삶 다하는 동안
아낌없는 보살핌으로
그대의 삶을 존중하리오

석양에 함께 물드는 인생
그림자 동무 되어
흔들리지 않을 버팀목으로
사랑의 기억을 공유하는
든든한 인생의 동반자이고 싶다오.

산다는 것은 외 1편

박 ｜ 영 ｜ 숙

놀이공원 매표소에서
몇 장 지폐로 목마 한 필을 샀다

내 의지와 무관하게 달리는 목마
처음엔 지구가 돌더니
세상이 돌고 나도 함께 돌아간다

그러나 어쩔 수 없는 일
현기증과 메스꺼움에 멈추고 싶어도
그때까진 인내하며 견뎌야 하리라

지급한 대가만큼
돌아야 한다는 것을 알기에….

그리운 친구

그녀의 집은 갯가 이무기 뱃속이다

그녀의 집을 찾으려면
다랭이밭 따라 가르마 탄 길 넘고
절벽을 쭈르륵 미끄럼 타야만 한다

그녀의 집 마당은
굴, 조개껍질로 이루어진 마당이다

구멍이 뻥뻥 뚫린 까칠한 너와지붕
짚으로 이엉 엮어 둘러친 부엌
작은 문을 밀치고 안에 들어가면
갈대로 엮은 갈 자리에서
등에 문양 그리며 뒹굴고 놀았었다

문명의 발아래 밋밋하게 밀려나
갯바람에 파도 철썩이는 강변은
지독히 외로운 날 그곳엔 내가 있다

※유년 시절 그리움에 바닷가를 거닐며

부러워하지 않으리 외 1편
— 호박꽃

박 영 순

한여름에 솟구치는
바깥 열기는 젊어도
나 화려한 외출만 꿈꾸는
한 묶음의 꽃다발을 두려워하지 않으리

세상 경계에 머무는 담장 위의 내 자리
보람과 알찬 속으로 맺히고자
여자의 넉넉한 자양으로 남으리

내 몸 무거워지면 물구나무로
줄기에 거꾸로 매달려야 하지만
하나의 꿈으로 속속들이 익어서
너에게 찾아가는
그날 한 계절 정리하는 삶
황금처럼 누런 꽃으로 남으리.

그대의 뜰
― 도라지꽃

그대 부르시니
하늘의 별
남 몰래 꽃이 되었습니다

불리울까 애태우다
잦아진 한숨
낮 밤 없이 꽃등 밝혔습니다

손길 닿을 적마다
하얗게 드러나는 사랑의 실체
난 분분 꽃 그림자
온통 꽃 투성이 가슴
그대 때문에 웃었습니다

웃다 보니 마구 웃는 얼굴
슬픔보다 더 아픈 웃음
눈물이 가여워
감춰 보이고 싶지 않던
으스러진 남보랏빛 눈물꽃
덧없이 스러져
그대 뜰 안에서 한세상 살다, 갈까, 갈까.

화두 외 1편
—코로나19

박 영 춘

가장 작은
보이지 않는 그림자와
가장 커다란
보이는 그림자와의
맞서 겨루는 맞대결

흩어짐의 의미
거리두기의 의미
무엇을 말하려 함인가

분열의 의미
변종의 의미
무엇을 보여 주려 함인가

만남과 이별의 맞싸움
이긴 자도 진 자도 없다
바람 불탈 날 올 것이다.

화두
―정화수

이른 새벽에 길어 온
우물물

찌그러짐 없는
깨끗한 그릇에
고요히 들어앉아

맑아야
흔들림 없어야

밝은 달이
고스란히
그대로
그 안에 듦이리라.

빨간 마후라 된 첫사랑 외 1편

박 일 소

손잡고 남산 길 내려오며
비 내리는 장춘단 공원에서
고목을 쓸어안고 울던 날도
덕수궁 돌기둥에 숨어
하도 서러워 울고 또 울었다

지금 그 사람 어디에서
살고 있는지 알 수는 없지만
이룰 수 없는 사랑의 목메움에 못 견뎌
빨간 마후라 되어 가버린 뒤
소식 알 수 없었지

지고지순한 사랑의 구애도
두려움에 밀어내던
가버린 그 옛날이
너무도 그립고 그립다

가버린 그때가 차마 그리워
빨간 마후라 가요를
나직이 불러 본다.

고성 상족암

공룡 발자국 보러 갔다가
바다 건너 사량도 섬을 보았네
그 옆 여인의 유방섬도 보았네

바다는 철썩이며 파도꽃 끝없이 보내고
해초 냄새 그윽이 피어나는
신이 그려 놓은 주상절리 절경
유혹에 빠져들어
떠나질 못하겠네.

그림자 · 299 외 1편

박 준 상

그대가
나에게
선물한
사랑이
아름다운
세상을
창조하였다.

그림자 · 300

여보
집에만
있지
말고
여행도
가세.

그리움의 시 외 1편

박 | 진 | 남

내 마음의 시 한 편을
그대에게 건넵니다

글자마다 새겨진 꽃
곱게 피길 바라면서

노을빛 대롱에 담아
은혜로이 건넵니다

먼 산길 걸어온 바람
뜨락에 머물던 밤

울먹이는 촛불 달래가며
가슴으로 수놓은 꽃

그리운 그대 품속에
안기듯이 건넵니다.

프란치스코 교황

한 모금 짙은 미소가
내 전신에 흘러내린다

나날이 지쳐 시들해진
고단한 마음의 꽃대를 타고

천상의 환한 빛줄기
온 누리에 나직이 녹아내린다

사랑은 달콤한 말이 아니라
속가슴 헤아리는 따뜻함이다

민낯으로 먼 하늘 날아와
이 땅에 영혼을 뿌린 그대

그대가 바로 빛이다
무한한 은총으로 참사랑하는.

가을 수채화 외 1편
―단풍

박 찬 홍

빨강 파랑 노랑 주황
진한 물감 듬뿍 찍어

일필휘지 휘갈기니
아름다운 수채활세

세상은
한 폭의 그림
조물주의 조화여.

스마트폰

산도 넘고 물도 건너
길 없이도 오고 가는

너는 너는 요술쟁이
스마트한 요술쟁이

오만 것
가슴에 품은
신비스런 요지경.

숨고 싶어라 외 1편

박 | 행 | 옥

한순간도 누구 앞에서
당당하게 산 적이 없는
내 젊은 날의 삶이
너무 창피하여
사람들 뒤로 숨고 싶어라

재물에 너무 집착하여
재물의 노예가 되어
영혼마저 빼앗겨 버린
내 탐욕이 너무 부끄러워
꽃잎 뒤로 숨고 싶어라

젊었을 때 건강을 생각하지 않고
지금은 건강을 다 잃은 뒤에
가쁜 숨을 내쉬고 있는 내 모습이
너무 초라하고 너무 아파서
아무도 없는 깊은 산속에 숨고 싶어라.

사랑은 산들바람

사랑은 산들바람
바람이 불어오면
맞을 뿐이다
바람이 찾아오면
행복해서
춤춘다
바람이 떠나가면
그뿐이다

사랑은 산들바람
바람은 한 곳에
머물지 못하네
이리저리 떠돌다
언젠가는 다시
그대를 찾으리니
그때를 위해
항상 깨어 있으라.

걸레가 꽃이 될 때까지 외 1편

박|현|조

걸레가 닦아 놓은
하얀 복도를

지나가는 사람들의
환한 미소

그들의 웃음에서
희망의 꽃을
보았습니다

물기 젖은 걸레가
꽃이 될 때까지

나는
그대 곁에
걸레가 되리라.

새벽의 휘파람

새벽 두, 세 시면
호랑지빠귀로 오시는
어머니여

휘~익
휘~익

전쟁의 아픈 기억을 안고
북으로 떠나신 아버지

젊은 시절 자식을 두고
하늘로 떠나신 어머니

이내
못 잊어 찾아오시는
어머니

이제
편히 쉬시지요

머지않아

어머니 계신 곳 찾아뵙고
영영 같이 사시지요.

협연 외 1편

박 화 배

너만 생각하면
나의 악기는
팽팽하게 현을 조율하고
너와 협연하고 싶어 한다

너의 모습을 보면
아니 너의 목소리만 들어도
악기는 팽팽하게 튜닝이 되어
끊어질 것 같은 긴장감이 돌고

악기와 악기가 연주를 한다
감미로운 속삭임으로
목젖이 마르고
점점 위태로운 격렬함에
현은 터질 것 같은 떨림으로 치달리고
활에서는 타는 냄새가 난다

음악은 미끄러운 절정의 선을 따라
긴 활강의 나래를 펴며
하늘을 난다
모든 사물들이 살아서 춤을 추고
연주자의 호흡은 거칠어진다
연주의 절정에 갇힌 눈동자는 빛나고
영혼은 자유롭다

막이 내리고
고요가 음악을 덮는다
평온의 여운이
연주자의 어깨에 내려앉는다.

고등어

남원 장날
좌판에서 파는 고등어 몇 마리
푸른 바닷물이
등때기에 검푸른 무늬로 남아 있어
바다 향해 꿈틀거린다

지난밤에
몇 마리는 지느러미 곧추세우고
제 살던 바다로
꿈길 따라
헤엄쳐 가버리고

더러는
남원 저잣거리에 남아
검푸른 등때기 대장간에서 지져대고
은빛 배때기 시퍼렇게 날 세워
누구네 집 부엌 도마 위에서
푸른 바다를 꿈꾼다

오늘밤도 어두운 부엌에서
박제된 지느러미 아프게 흔들어 대며
남해 푸른 고향 바다로
가는 꿈을 꾸다가
지쳐 잠드는 부엌 정지칼.

바람[風] 외 1편

박 희 익

그리운 님
내 가슴
멍들지 않았다면
홀로 가는 밤
돌아눕지 않으리

멀고 먼
끝없는 심연에 가
별을 건져
님의 가슴에 안겨 주고

그대 내 품에
시원한 바람이 되어
품어 주리다

아름다운 그대
내 수첩에 꼭 담아
오래오래 영혼토록
간직하리다.

바람의 횡포

태풍이 노닐다 간 자리
사진을
찍어 본다

들 가운데
넘어진 벼 이삭

널따란 우산을 쓴 연밭
엉성한 줄기만 서 있다

하얀 아침 해가 미안해
얼굴을 가리고
지나가리라
이 들녘 길을

구름이 지나다
물속에 빠져
허우적거린

타파에 횡포가
무심하다.

하절기도 가고 있네요 외 1편

배 | 동 | 현

이씨 조선도 아닌데
특권이라니요
너무한 것 아닙니까?

이 대명천지간에
그런 것들이 아직도
이 땅 위에 자리잡고 있었나요

그렇다고
절대 그러하지는 마세요
어린애가 놀라 웃습니다

하! 하! 하! 하!
너무하시네요
안 그렇습니까?

아마도 미련도 병인가 봅니다

미덥지 못한 이 소서小暑에
바람이 왔다 갔다 하더니만
드디어 구름이 울면서
곡을 시작했습니다

대성통곡이
대선특종이라며
온통 풍을 치는
당신의 속내는 뭔가요

왠지 미덥지 못한 오늘이
징징거리는 하오를 달래며
절름절름 장마 속을
쉬어 갑니다

미움은
언제든 앉은 채로만
이야기를 툭 툭
쏟아 냅니다그려.

장미 외 1편

배종숙

낭만이 가꾼 익살 해맑게 드러내고

히죽이 지은 미소 오뉴월 불 밝히니

그 누가 업신여기랴 열정적인 저 입술.

연가

참새 떼 들랑날랑 배고픔 쪼아대며
파르륵 파르르륵 곳간에 빠져들고
나는 듯 부지런한 듯 지난 계절 그리네

걸레질 손끝에도 고독을 쓸어 담아
찻잔에 올려놓고 반려자 같은 세월
뒤처진 추억의 향을 가슴으로 마시네

속 깊이 파고드는 별들의 우물 속에
울어 줄 님이 없어 조각달 서쪽으로
한사코 요란하여도 꿈속으로 채우네.

아들의 여자 외 1편

백 덕 순

청보리 냄새가 나는
풀잎 같은 여자가
꽃등 들고 새벽 강 건너와

젖은 목소리로
우리 엄마라고 불러 줄 때
나는 아무 말도 할 수가 없어
가슴이 뛰고 그냥 눈물이 나

언제 들어도 기분 좋은 말
다 해주고 싶은 아들의 여자
내가 알고 있는 말 중에
사랑한다는 말밖에 할 말이 없어

꽃보다 고운 너에게
일평생 바라보기만 해도 좋을
내 아들을 주어도 할 말이 없어
보석 같은 너를 보면 그래

청보리 냄새가 나는
풀꽃 같은 나의 사람아
내 아들의 여자가 되어 고마워.

시와 별

하늘이 좋아 별이 좋아
밤마다 별을 헤아리던 당신은
조국의 시인들에게 우주가 되고

하늘을 우러러 한 점
부끄럼 없는 해맑은 영혼
시대의 어둠을 밝히는 저항시인
윤동주 70주년 추모제 날

후쿠오카 하늘에
가장 먼저 등불을 밝히는
초롱초롱한 저 별이 당신입니까

그날처럼 올 아침을 기다리며
하늘과 바람과 별을 좋아하고
수선화 꽃을 좋아하던 우리의 우주
윤동주 민족 시인이 잠든

원수의 땅 후쿠오카 하늘에
꽃다운 당신의 영혼을 두고
집으로 돌아가는 길

겹겹이 쌓인 그리움 닦아내고
보석처럼 반짝이는
황홀한 저 별이 당신입니까.

연화 蓮花 외 1편

변 | 보 | 연

연못에 둘러앉아 팔과 잎으로 하늘 가리고
중생 재도 등불로 솟아오른 연화
하얀 고깔 덮어쓴 선사의 모습이여
온 세상 어두움을 밝혀 주는데

흙탕물로 버무려졌던 호수는
거르고 걸러내는 정화로 맑은 물이
녹반으로 덮여 버렸는데
시민의 품 안에서 깊이 잠들고
새벽길 여는 버스 소리에 하루가 시작이 된다

이곳저곳 솟아오른 고층 건물 숲에 가려진 곳
주민들의 휴식처 나들이 나온 사람들
잠시 시화전 속으로 빠져 들어간다

사랑하는 여인, 어린아이 손을 잡은 가족들
유유자적 걸음걸이 재롱부리는 아이들
바라보며 한 걸음 두 걸음 호수 주변
나들이에 무등의 그림자 꽃등에
내려오고 있는데 성불 소리에 깊은 잠
깨고 일어난 물잠자리는 녹반 위에서
쌍쌍이 사랑에 빠져 밤이 깊어 가고 있다.

무념무상

타고난 성품에
변덕 없는 마음씨며
백년 천년이 지났어도
올곧은 마음이어라

천년의 세월에도 곧은 자세
석공의 손길에 갈가리 찢기어도
한결같은 곧은 마음
굽힐 줄 모르고
모둠매 맞고도 변함없어라

그저 일생을 바윗돌로 살다가
쓰임새 찾아 정 도끼 망치 맞고
잘려 나가는 그대 마음
변함없이 한결같고
한 곳에 앉아 천년 세월
무념무상으로 한평생을
보내는 바라의 모습이어라.

반딧불에 대한 기억 외 1편

서│원│생

하늘이 내 얼굴에 닿을 만한 거리에서
길을 잃은 수많은 유성들이
곡선을 그으며 허공에서 방황하고 있네

세상에서 가장 낮게 나는 별을 따려고
어둠을 수영하던 코흘리개 적 욕망들이
기억의 저 뒤편 골목에서
가끔씩 환청처럼 메아리로 들려오고
그때는 정말 지루한 여름밤을 모를 정도로
어른들이 들려주는 설화를 베개 삼아
그리고 하늘에 박힌 개밥바라기별을 이불 삼아
별천지를 향해 새근새근 코를 골았지

가장 밝은 북극성을 향해선
서로 내 별이라고 우겨대던 언니와 오빠는
지금쯤 먼 아라비아 반도로 떠나고
난 혼자 고향 집 마당에 둥근 멍석을 깔고
모처럼 지핀 지독한 여름 감기로 인해
어둠을 두르고 끙끙 앓고 있다네

조붓한 멍석 귀퉁이에서
한쪽 발은 검은 신발에 걸친 채로
다섯 식구들 하늘을 이고 있는 날을 기억하며
지금도 애간장을 태우며 팔랑팔랑 날고 있는
초록색 반딧불을 따라다니고 있겠지.

가을엔

가을엔 영영 떠나간 내 마음의 소녀를 생각하면서
그때의 소년같이 편지를 쓸 거야
책갈피를 열어 고이고이 묻어둔 편지를 꺼내
내 고향 시골의 길 옆에 서 있는 빨간 우체통에다
몰래, 그리고 빨리 부칠 거야.
주소도 생각나지 않는 겉봉투에는
막연히 누군가가 전달해 줄 것 같은 기대를 가지고
그녀와 단둘이서 걷던 가을 골목을 생각하면서
매일 밤, 두 손 모아 기도할 거야

가을엔 그녀의 집 앞 뜰에 심은 은행잎들이
매일 바람에 눈물을 흘리는 것처럼
이제는 누군가를 위해
노란 눈물을 가슴에 진하게 녹이면서
그 언젠가 내 마음에 지워진 소중한 이름을
마음에 새기며 불러볼 거야

고향 집 감나무를 우물까지 느리면서
평생 소년의 속병을 앓게 한 이를 위해서
이번 가을엔 잊지 않고
또 어떤 색깔로 바람을 넣어 물들이겠냐고
부질없는 물음을 던져볼 거야

그때처럼 이번 가을에도

매일 밤, 눈시울이 젖을 때까지 시를 읽으며
가슴을 떨던 유년의 소년처럼
잠을 설치는 가을을 생각할 거야.

노숙자 외 1편

서 정 원

겨울 추위
견디어 낸 뚝방길
넘실대는 파란 잎새 물결
벤치 위
주소도 잃어버린 시커먼 얼굴
봄 꿈에 젖어 있다
세월의 고된 흔적 여기저기
까치님들
이 소식 저 소식 전해 주고
활짝 핀
초록 물길 따라 뛰노는 잉어 물장구 소리
시커먼 얼굴에 번지는 희미한 미소.

귀곡산장

새파란 하늘 사이 북악산 아래
청기와 지붕 위에 요기가 꿈틀거린다
라스푸틴※ 망령이 봉황새 사이에서
너풀너풀 춤을 추고 있다
어느 날 황녀가 된 몸
요괴의 핏줄을 이어받은 무당춤에 홀려
제대 위에 누워 잠들어 있다
들불처럼 번지는 촛불들
쿠오바디스※ 소리 들려오는
귀곡산장에 갇힌 지난날 백설 공주
오늘도 백마 탄 왕자 기다리나 보다
날은 점점 추워지는데
홀로 가는 밤은 온기가 없다.

※라스푸틴: 러시아의 니콜라이황제 부인 농락한 요승. 2007년 주한대사 버시바
  우, 최태민 목사를 라스푸틴에 비유
※쿠오바디스: '주여 어디로 가시나이까' 의 라틴어 문구(요한복음 16:5)

붓다의 꽃 외 1편

석 연 화

여시아견如是我見
…그리하여
그때
나는 보았다

인연으로 피었다가
한 시절 피고 지면
다시 환생하는 불멸의 꽃

낮에는 해무리에 입을 열고
밤에는 달무리에 입술을 적시는
애인 같은 꽃

생각만 해도
옷깃이 여미어지는
향기 그윽한 꽃

해마다
사월이 오면
온 누리 계곡마다
처처에 피어나는 꽃

아니
내 영혼 속에
영원히 피어 있는 부용화芙蓉花.

번뇌

누군가
간절한 마음을 담아 밝힌 촛불 하나가
부처님을 미소 짓게 한다

하늘은 눈을 감았고
대지는 말이 없다

풍경에 매달린 물고기 한 마리
이따금 그리움에 몸을 떨며 운다

어수선한 상념想念
머릿속을 돌고 있는 번뇌煩惱들
분별分別없이 떨어지는 잎새들
그들마저 내 마음을 흔들고 있다

머-얼리
닭 우는 소리 들린다

아!
어찌 하면 좋을꼬?
저 하찮은 닭 울음소리에
나의 번뇌가 사라지다니.

참 오래되었나 봐요 외 1편

성 진 숙

싱그러운 아침
구름 한 점 다가와 창가에 앉았다
빼꼼 얼굴을 내밀고 엿듣고 있다
커피 향이 식탁 위로 올라와
기분 좋은 언어를 뱉는 아침
  어쩜 맛이 한결같아요
  참 오래되었나 봐요
싱글벙글 귀에 걸린 입꼬리
  세월은 오래되었지만 시간은 짧아요
  마누라한테 바치는 거라~
터지는 웃음소리에 놀라
걸터앉은 구름이 깨져 버렸다
날마다 반복되는 우리의 일상
사십 년 불혹이다.

인생은 비빔밥이다

밥을 비벼 보지 않은 사람
비빔밥을
먹어 보지 못한 사람
싫어하는 사람
좋아하는 사람
상관없이 사람들은 비비고 산다
쫓기고 찢기고
치이고 부닥치고
재료에 따라 식성에 따라 지금도 비벼댄다
아가들은 봄나물 비빔밥
청춘은 쌈밥처럼 비빈다
황혼길 어른들은 죽을 쑤듯
느리게 느리게 비비는
인생은 비빔밥이다.

지성이에게 외 1편

손｜귀｜례

지구본을 보며
230개의 국가가 어떻게 다 들어가는지 궁금한
지성이
공룡이 살기 전에는 무엇이 살았는지 궁금한
지성이

아가야 너는
푸른 지구에서
실컷 뛰어놀고 실컷 잠자고
해보고 싶은 것 실컷 해보거라

그 속에서 질리지 않는 것 하나
찾으면 된다

친구와 비교하지 말고 닮을 필요도 없지만
친구가 아니더라도
힘없는 사람에게는 어깨를 내어 주거라.

라퓨타

거미가 바닷속에 알을 낳고

개뿔로 골프를 치고

이걸 물으면 저걸 대답하는

초현실주의가 사실주의를 따돌렸다.

가시연 외 1편

손 수 여

물은 연잎을 받치고 꽃은 세상을 밝힌다

연은 물에 살아도 물에 젖지 않는다

맑은 영혼도 그렇다 영혼처럼 맑은 너.

고모역에서

언젠가를 돌아보는 버릇처럼
잃어버린 무엇이 있다
분명 내 것이었으나
이제는 아닌 것이 달아나다
시간도 멈춘 녹슨 철길을
따라와서 그냥 주저앉아 본다

바람은 설중매를 불러 저만큼 앞서 오는데
강물은 잔잔한 봄바람 저어 돌아가는데
가버린 것은 오지 않는다
간이역에서 기다리는 것이
기차뿐이던가

기적 같은 오포 울림만 남겼던
전설 되어 버린 이 길을,
홀연히 그냥 말없이
취한 채 떠나가고 싶다
가슴에 출렁이는 그 추억이
더 아련해지기 전에.

거미 외 1편

손 순 자

샛골길에 세 들어 살고 싶다
채송화, 도라지, 더덕, 국화
철따라 피어나는 거기에
주목나무 한 그루 붙잡고
그 맑은 허공에 방 한 칸 만들고 싶다
소요산 물소리 따 담으며
크레용 낙서를 마당에 키워서
고추도 심고 오이도 가꾸며
맨손으로 잡초를 뽑다가
부추꽃, 호박꽃이 맛이 들어
노을이 주공아파트 뒤로 질 때까지
바람과 말을 걸며
샛골길에 살고 싶다.

부추꽃

샛골길의 작은 텃밭
감자꽃, 오이꽃, 딸기꽃 유혹해도
곁눈 한 번 주지 않았었다
가지꽃도 더는 볼 수 없는 늦여름

손바닥만 한 평수 겨우 세내어
조금씩 키 세우려 하면 어느새
가위로 싹둑 잘라 소쿠리에 담아 가던
여주인 발길 한동안 뜸하더니

부추꽃 하얗게 뽐내며 피었다
"내가 제일 잘 나가"
꽃들의 노래 듣고 호기심에 모여든
벌, 나비 거기 모두 모여 잔치 열었네

향기에 끌려 눈요기도 하고
꽃잎 따서 한 입 베어 물면
꽃잎에 밴 속울음, 알싸한 그 맛이 아프다
아프게 배부른 그 꽃.

산이 좋아서 외 1편

손 진 명

가지 끝에 앉은 새
산이 좋아 산에 사나

끼리끼리 모여 앉아
고운 노래 부르는 새

산을 닮아 산처럼
고운 노래 부르나

가지 끝에 앉아서
하루를 지우는 새

산이 좋아 좋아서
떠나지 못하는 새

해넘이 바라보며
시를 쓰는 새들아

나도 너를 따라서
산을 떠나지 못하고

외도의 길을 건너
매일 여기 온단다

우리 모두 산을 닮아
아름답게 살자꾸나

시처럼 거짓 없이
밝게 살자꾸나

해넘이 바라보며
노래하는 산새야.

모추暮秋의 길목에서

길 잃은
단풍잎 하나가
마음에 앉는다

서녘의
모색暮色을 바라보며
계절의 만종 소리를 듣는다

뚝뚝 떨어지는
만추晩秋의 낙엽 소리
산사山寺의 풍경 소리보다
더 깊고 둔탁하구나

모추暮秋의 길목에 서서
저무는 황혼의 종소리 듣는다.

매질 외 1편

송 | 봉 | 현

선한 마음으로 나선 아침
어느 순간 사악 편에 서 있을 때
때린다 독한 뉘우침으로 가슴 친다

요즈음 매 들면
부모도 스승도 폭력으로 내몰지만

허둥대다 매 맞아
바른 길 찾기도 한다

수렁에 빠지곤 하는 정신 씻어
다리미질 하여 새 옷으로 입듯

매는 다리미질 같은 것
여섯 살 때 회초리 열두 대

서당 훈장님 대 뿌리 아팠던 매는
평생 내 일탈을 붙잡곤 했다.

발자국

비 오는 날
맨발로 논에 갈 때

내 삶의 한 컷
열 발가락 작은 자국 지구 위 찍혔다

지구는 나의 집
혼자서 달콤한 사랑 꿈도 꾸고

애면글면 살아갈 때
무수히 찍힌 발자국 지워지고 찍히고
내 외로운 자국들이 하늘 쳐다보며

한때 탑 쌓으려 겨룸 스쳐간 꿈
허사만은 아닌

예쁜 발자국 찍으며
꿈 이루고 싶을 때 있었다.

코로나 올여름 외 1편

신 동 호

변호사 사무실에 버리고 온 노란 우산
폭염 기온이 34도
아무리 더워도 지하철 3호선
에어컨 바람은 시원했다

쭈그러진 눈까풀 하나 없이
항상 바쁘게 사시다
혈액암으로 돌아가시고 만 우리 큰 누님
구월 어느 날이었다

혼자 사는 힐스테이트 아파트
내 집 앞산 뒷산이 있어 공기 좋은 곳
올여름엔 비가 자주 내렸다

코로나19 확진자 넘쳐나는데
백신 개발은 아직 먼 거리에 있는가 보다

기차를 타고 싶다
바람에 옥수숫대가 서걱거리고
왼쪽으로 끝없는 검은 바다
내 젊은 날의 해변의 길손
어디였던가
이름 모를 역에서 내려
지팡이 없이 밤 바닷가
그 철길을 걷고 싶다.

나는 괜찮다

자식 늦게 두신 죄로
70깡 노인네가 되시도록
겨울나무 지게를 지셨다

반창고 사실 돈이 아까우셔서
헝겊을 가위로 잘라
밥풀을 이겨 바르시는 게
저녁 일과
터진 손마디 마디에 붙이시고
아픔을 참고 일을 하셨다

돌아가실 날을 알고나 계신 양
조상님 아홉 분상 기일을 미리 적으셔서
일에서 돌아왔을 때
머리맡 서랍장을 가리키시던 아버지
그리고 물을 찾으셨다
안아 일으켜 수저로 물을 떠넣어 드리자
그대로 누우셔서 임종을 하셨다

얼마나 이 못난 아들이 올 때를 기다리고 계셨을까
교통사고로 먼저 가신 어머님 좌편에 모셔 드리고
집에 와서 안식구랑 많이도 울었다

나는 괜찮다

항상 아버님 하시던 말씀
돌아가시기 전 영양제라도 한번
더 놓아 드리는 건데
한이 맺힌다
운명하시던 86세
이제 내 나이도 70 중반 80세로 다가가고 있다

소원하시던 조상님 제사도
독거노인 신세라 모시지 못하고
설 명절 추석 명절
차례를 지낸다
불효막심 큰 죄인이다

병원에서 절대 금연하시라던 담배
끊지 못하시고 무던히도 좋아하시던 아버님
올추석 성묘에는
담배 한 개비

영전에 피워 올려 드려야겠다.

코로나19 외 1편

신│사│봉│

사람 만나기가 두려운 세상
부모 형제지간에도 격리되는 일,
코로나

하늘을 우러러
아침에 눈을 뜰 때마다
살아 있기를…

우리는 보이지 않는 적 때문에
폐쇄閉鎖공포증에 시달려
오래 가겠는가

디디고 서 있는 땅을 이에 감사하며
살아 있는 일에 기뻐하며
두 손 모으는 아침.

끈

누구나 끈을 가지고 태어난다
혈육과 혈연관계, 그리고 지인 사이
삶의 길에 노숙자도 있다
혼자서는 살 수 없을까
모두 욕망을 버리고
마음을 훔치며 살 일인가
입으로 사기를 치고
돈보다 욕망이 무섭다
말하지 않는 고뇌가 나를 죽인다
친구의 들리지 않는 한숨이
귀청을 때리는 저녁 작은 일에 한숨이
나는 술병을 들고 소나무 밑에 앉는다.

진선미眞善美 외 1편

신│선│진│

진眞은
참되고
바르고
옳은 것을 말한다

선善은
선하고
착하고
바른 것을 말한다

미美는
아름답고
곱고 고운
용모를 말한다

모두가
바라고
원하는 진선미가 되자.

인연에 최선

과거도 없고 미래도 없다
언제나 현재뿐이다
지금 이 시간
나에게 주어진
인연因緣에 최선最善을 다하여
행복하면 된다

모든 것은 인연이 있어
만났다가
인연이 다하면
떠나가 버리는 진리
우리는 모르기 때문에
고통을 자초한다

고통은 남이 주는
것이 아니라
자기가 초래하는 것이다
자신의 무지가
괴로움을 끌어들인다.

내가 넘은 굴뚝재 외 1편

신 영 옥

오를수록 부드러운 푸른 산 옷자락
두 팔 벌려 반겨 주는 산이 좋아라

70년 전 6·25전쟁 때
쳐내려오는 공산군 대포 소리에
가방 하나 둘러메고
아버지 손에 이끌려
피란민 속에 묻혀 내가 넘은 굴뚝재※
전쟁 중에 나를 살려 준 이 산 고개를
다시 찾아온 2020년 유월의 한낮
그 옛날 성황당은 오간 데 없고
비탈지고 높던 산 고개가
시원하게 뚫린 고속도로로
질주하는 차량들의 푸른 숲 메아리가
아직 끝나지 않은 휴전선 아픔을
굴뚝재 그대도 알고는 있겠지

코로나19로 지구촌 사람들이 기습을 당해도
상큼한 첫 여름 숲 바람이
시원하게 둘러서서 휘파람을 날리는
산딸기 익어 가는 청정 지역 굴뚝재
천지 가득 피어나는 초록빛 향연에
온 하늘이 안긴다. 굴뚝재 오솔길에 내가 안긴다.

※굴뚝재: 충북 괴산읍에서 남쪽 청천 가는 길의 고개 이름

죽녹원竹綠園의 바람무늬

바람이 키웠구나
내 안 가득 밀려오는 죽녹원*의 바람 소리
폐활량을 열어 놓고 팔랑대는
바람무늬 무늬들

한 계단 오를 때마다 비워 내는
물결 소리 바람 소리
비우고 떠나라는 흐름 앞에
훨훨 날개 치며 오르는
댓잎들의 숨소리

내가 짊어진 어깨 짐을
톡톡 튕겨 보고
내 손을 잡아보는 부드러운 바람의 손
비워야 먼 길을 갈 수 있다고
비워야 우뚝 서서 하늘을 볼 수 있다고

나를 흔들어 깨우는
푸른 하늘 댓잎의 휘파람 소리.

※죽녹원: 전라남도 담양군에 위치한 대나무 숲

하얀 눈을 기다리며 외 1편

신│영│운

뽀드득 뽀드득 남긴 발자국 추억
오붓이 잠든 겨울밤 온통 하얀 밤
한겨울 깊은 그리움 솟는다

가지 끝 매달린 하얀 눈꽃에서
사랑의 그윽한 달빛 향기가 퍼져
눈 내리는 내 마음을 감싼다

가득히 눈이 쌓여도 허전한 마음
채우지 못한 기억에 가슴 쓰려도
하얀 눈꽃에 위안을 받으며
소복이 내린 눈을 가슴에 담는다

하얗게 내린 새로운 사랑
내 손길 닿는 곳, 내 발길 닿는 곳
그리운 내 마음을 펼치기 위해
하얀 눈 오기를 간절히 기다린다

간밤에 기다리던 하얀 꿈을
가슴앓이하며 떨쳐 버리고
멀리 떠났던 마음들을 찾아내서
소복이 쌓인 하얀 눈을 기다린다.

임관하던 날

기나긴 시간 숨 턱에 닿아
인내의 땅에 뿌려진 땀과 눈물
이제 크게 떠진 눈에 보이는 것은
마음에 펼쳐진 하늘의 꿈이리라

짧은 두 해의 목마른 인고 지나
양어깨 소위 계급장의 찬란한 빛
하늘 향한 빛나는 영광의 열매
한없는 동지애 끌어안고
살아갈 이 순간 그리워하리라

간간이 몰아친 폭풍우 지나고
눈부신 햇살 두 손 가득 담아
세상 바라보는 버팀목이 되어
마음 편안한 삶을 맞이하리라

너무나 아름다운 인연들의 고리
우리 서로 피와 땀을 섞어 몸 부비고
바람에 씻기며 보낸 시간을 추억하며
서로의 별빛 가슴에 안고 사랑하리라.

인생 지침서 외 1편

신윤호

살아가면서 희로애락이 있어
잘되는 것 있고 슬픈 일도 있고
모든 면에 다 잘되라는 법도 없고
그렇다고 못 되다는 법 없다

잘되어도 너무 흔들지 말고
행여 잘 안 되어도 낙심 말고
멀리 가서 있어도 가까이 있는 것처럼
한결같은 마음으로 덕을 쌓아야!

인품과 성품이 넘쳐야
주위에 이상한 것 보아도 개의치 말며
세상에는 좋은 것 나쁜 것 많지만
행여 나쁜 것 보아도 인품으로

다 그런 것은 아니지만 세상에는
별 이상한 것이 있지만
너무 치우치지 말아야
흐린 날 있어도 웃음으로

길 묻는 사람에 참된 마음으로
정성을 다해야 하며
베풀 수 있다면 정성을 다해
다 복의 근원이 된다

행여 괴롭히거든 용서하는 마음으로
더 깊이 있게 대하여야 하며
길섶에 황금이 보여도 내 것이 아닌 이상
눈을 돌려야 한다

받는 기쁨보다 주는 기쁨이 더 크다
세상을 천국으로 보자.

인생

인생 사는 길에 덕을 쌓아야 한다
서로 돕고 서로 존경하며
용서하고 배려하는 마음으로
사시면 온통 평화로 보이며

조금은 서글퍼도 따듯이 위로하고
나누면 밝은 해가 보이듯이
세상은 모순된 건만이 아니며
더는 밝은 세상이 없다

지금이 가장 중요하고
지금이 가장 훌륭하며
더 바라지 말고 더 채우려 말며
내 전부를 쏟아내면

가장 행복한 날이 오늘이다
심지도 않고 거두려만 말고
현재 여기 있는 것만으로
내 생에 가장 행운이다.

유월이 외 1편

심 종 은

유월이 오면
유난한 그리움이 찾아든다

검둥이 복실이나
사나운 청풍이도 아닌
귀염둥이 유월이

언뜻 보기만 해도
쏜살같이 꼬리 흔들며 달려들던
반가운 날들이었지

몸체는 아주 작아도
생쥐는 물론
자기보다 세 배나 더 큰 고라니 떼를
단숨에 쫓아내는 용맹스러움에
가슴 뿌듯했었지

손이 던져주는 음식은
함부로 먹지도 않거니와
작물 심은 밭에는 절대로 들어가지 않는
아주 영리한 놈이었지

뒷산을 함께 산책하면
어느새 발소리 듣고 달려와

성큼 앞장을 서고

땅 땅 밥그릇 두둥기는 신호에 맞추어
밥 주는 줄 알고 금세 달려오던 모습
냉큼 기억나곤 하지

그러다가 나이 들며 차츰 쇠약해지면서
몸동작이 둔해지더니
유월 어느 날 아침에 갑자기
다시는 볼 수 없는 먼― 나라로
영영 떠나가 버렸지

해가 바뀌고 또다시
새로운 유월이 찾아왔건만
이젠 만날 수도 없는 그리움에
허공 한가운데
안타까운 환상으로 맴돈다.

바위섬

귓가에 또렷이 들려오는
한 맺힌 울음이런가

날마다 몰아치는
거친 파도에
아픔을 잠재우고만 있다

이보게,
그렇게 늘 버티고 섰으면 뭘 하나
이리 와서 좀 쉬게나

폭풍 속에서도
언제나 방패막이 되어
그림처럼 홀로 버티고 서 있는
조그마한 섬

아무도 알아주지 않는
외딴 바위섬.

비와 사랑 외 1편

안 병 민

사락사락
창밖에
비가 내리는 소리

사락사락
그대 가슴에
사랑이 내리는 소리

우산을 가져갈까
그대 향한
그리움을 가져갈까.

엄천강에서

지리산 자락
내 고향 칠월은
싱그럽고 푸르기만 한데

칠선계곡 원류는
약수 같은 강물 이뤄
물살에 은어도 반짝이며

심원계곡 따라
천혜의 비경은
한 폭의 산수화를 그렸네

가족들 모깃불에 둘러앉아
장롱 속 숨겨 놓은 이야기로
여름밤은 깊어만 가는데

어느새 무더위조차
강물에 녹아 내려
색동옷으로 물들어 오고

산들이 단풍옷 입고
강물 위로 떠내려오는데
손 담가도 잡을 수가 없구나!

꽃이기에 아름답다 외 1편

안│숙│자

망각의 겨울을 견디고
뒷산에 봄 안개 피어오르면
늙은 뿌리에서 작은 촉 내밀어
돌 틈새에 피어나는
이름 모를 꽃

누구를 부르는 것도 아닌
무엇을 위한 것도 아닌
그저 웃으려고 태어난 것처럼
혼자서 웃고 있다

바라보이는 곳 황량하고
뒤돌아보면 안개 자욱하다
왜 살고 있는지도 모르는
풀지 못할 질문의 무게로
고개 떨구며

같은 이유로 헛웃음 지으며
무리지어 피어 있는 꽃
그래도 꽃이기에
바람에 흔들리며
웃는 모습이 참 아름답다.

불타는 가을

새빨갛게 타는 단풍
생의 절정 아름다워
호수는 가을을 안고 있네
내 가슴 단풍 물들까
시시때때로 화들짝 놀랐으면서
지금은 호수가 되어 가을을 품었네

칠십 굽이 돌아오며
시퍼런 채로
한 번도 타오르지 못해
이제라도 원색으로 불붙고 싶어

묻혀야 할 시간 앞에
내가 호수 되어
절정을 이룬 그 가을 안고 있네.

끙끙 외 1편

안│연│옥

혼자 있는 사람이 있듯
고뇌도 슬픔도 혼자 있을 때가 많다
혼자서 끙끙대다
무르익은 고민이 슬픔이
내 밖으로 흘러넘친다
그때야 모두의 것이 된다

사람들은 각자의 걱정거리에 매달려서
남의 걱정에 귀 기울일 귀가 없다
아마도 가장 모자라는 것이 있다면
담담하게 들어주는
착한 귀일 것이다
하소연으로 자라는
해답은 아삭거리는 맛으로 자라고
곤경은 스스로 딛고 올라가는
질긴 매듭이 되기도 한다
때때로 속마음 털어놓을 사람이 있다면
위안과 조력을 기대할 수도 있겠지만
나의 고민이 너의 위로에
딱 맞은 일은 드물겠지

얼마 전 위내시경 검사를 했다
의사는 말했다
혼자서 멀리까지 갖다 버린
고민 몇 개가 굳어 있다고.

이제 모든 대역은 끝났다

모성, 그것은
우주의 가장 깊은 신비다

자신이 낳은 새끼의 탯줄을 자르는
한 번도 배운 적 없는
개의 본능적 모성을 보다가

나의 어머니,
내가 태어나고 내가 한 사람으로
우뚝 일어설 때까지
나의 비틀거림으로 살고
나의 미숙함으로 함께 살았다는 것과
나를 대신해서 모든 어리석음을
스스로 겪어 왔다는 사실

비로소 내가 사람 구실을 하게 됐을 때
조용히 내게서 걸어 나가신 어머니

이제 모든 대역을 끝내고
우주의 한 모퉁이
심오한 우주의 비밀로
쓸쓸하게 독거하시는
나의
어머니.

달리아 · 1 외 1편
―반가움

양 지 숙

꽃시장이 열렸나
화려한 꽃들이 고요하다
장바구니 뒤로하고 눈 맞추다
멈추다

풀숲에 숨어서 고개 빼꼼히 내놓더니 쑥 올라와 봉오리 다소곳이 매달려 있네 자주 흘깃 훔쳐라도 볼 걸 하루하루 지나다 마루에 앉아 있는 어린 눈과 마주쳤어
달리아

참 오랜만의 만남
이 아인 데려와야 해
달리아
한 손의
한 줌 포옹.

달리아 · 2
— 인연

둥당둥당 발걸음 맞춰
데려온 아이
아파 보인다
화병 물 가득 품고도

화단 끝자락에 조심히 조심히 서 있는 자줏빛 얼굴 총총히 빛이 내려앉아 보드랍고 당당한 몸짓 마루에 서 있는 어린 눈에게 말을 걸었어
종알종알

참 짧은 만남
하루만에 고개 떨구다
빨간 볼빛 해쓱하니
낮아지다
달리아
머무르는 눈길
훗날의 포옹.

꽃 외 1편

엄 원 용

눈으로 바라보는 꽃은 그저 꽃이다

그저 꽃인 것에 마음을 조용히 얹어 줄 때
비로소 꽃이 된다

우리가 꽃을 보고 '참 아름답다' 라고 말할 때
그것은 그저 꽃만 본 것이 아니다
노오란 꽃술에 깊숙이 감추어진
꽃 속의 꽃을 본 것이다

사물은 항상 보이는 것에 마음을 얹을 때
비로소 제 모습을 보게 된다.

이름이라는 것

누가 내 이름을 부르면
그것은 이름을 부른 것이 아니라 나를 부른 것이다

내 이름은 나의 분신이다
그러니까 내 이름 속에는 내가 태어나서부터
지금까지의 나의 모든 역사를 담고 있는 셈이다

내가 누군가의 이름을 불렀을 때에도
그것은 이름을 부른 것이 아니라 그를 부른 것이다
그러면 부르는 순간 그 이름은 사라지고
그가 나를 바라보게 된다

그러니 이름은
나와 하나가 되어 같이 숨을 쉬고 살다가
어느 날 이 세상을 떠나면
나와 함께 사라지게 되는 것이다.

경자庚子 게시판揭示板 외 1편

여│학│구│

경자庚子, 시샘 달,
꽃샘추위, 황사黃沙 바람 불어와

개[犬] 대가리, 분粉 바르고,
코끼리 코엔, 흑백 마스크 대향연

기린 목에, 새끼 넥타이
물 건너 원숭이 발엔, 지까다비, 등장

멀쩡한 집, 대들보 난데없는, 도끼질,
그득 찬 곳간은 왜?, 때려 부수나

가만 있으면 중간은 될 텐데,
맥脈도 못 짚으면서, 침통針筒은, 왜? 흔들어
오줌, 똥, 못 가리고 설쳐대는 꼬락서니…

언 발에 오줌 눈다고, 될 일이더냐?
잘못된, 오류誤謬의 확신確信, 지켜볼 일이다.

손 없는 날

경자庚子 어정칠월 상순, 손 없는 날,
목멱산木覓山 맞은편 산, 숲속 숨어든
항문肛門 빨갱이, 더듬이 원숭이 한 마리,

매무새 여미고, 북향北向 삼배三拜,
지난날 장막 속, 더듬이 황홀경 떠올리며
나뭇가지 타기, 즐기던 중,

추적하던 사냥개와 눈 마주치자, 낙상落傷, 졸도卒倒!
이를 본 사냥개 왈曰
원숭이가 나무에서 떨어지다니! 체면이 말이 아닐세그려,

"이런 경우를 개망신이라 하나 보네"
더듬이, 지그시 눈뜨며 하는 대답,
미안 "모두 안녕" 하며 실눈 감았다

날이 밝자, 도성 안 저잣거리엔,
장막 속 더듬이 중독자, 병 고치러
길 떠났다, 소문 파다해.

나비와 민들레 외 1편

오낙율

꽃이라는 이름 탓일까?
기어이 피어야 한 까닭이 슬퍼
차라리 봄이 미운데

담장 길모퉁이
콘크리트 갈라진 틈에
민들레 한 떨기 피어 있다
무심한 발길에
몇 날을 밟히며 자랐을까?
잎사귀가 온통 멍이 들었다

기생집 젓가락 장단이
코로나바이러스처럼 유행하던 시절
남편과 아들 다 빼앗기고
젊은 나이에 실성했다는 여인 하나
민들레 꽃잎에
나비처럼 쪼그리고 앉아
귓속말하듯
예쁘다! 예쁘다!
되뇌고 있다.

꿈길

모로 누워 어머니 꿈길 가셨네
말매미 울던 칠월 한낮에
객지살이하는 아들 밥 굶지 말라고
자박자박 열무김치 버무려 놓고
타박타박 꿈길 좇아 잠이 드셨네

꿈길은 꼬부랑길
첩첩산중 길
꽃상여 나붓나붓
흔들리는 길
초가집 처마 밑 살평상 위에
코고무신 한 켤레
놓여 있는 길

입가에 미소 한입 베어 물고서
송글송글 땀방울 나 몰라 하고
어여쁜 우리 엄니
꿈길 가셨네.

더듬어 본다 외 1편

오 병 욱

나는 가끔 손끝으로 더듬는다
눈으로 귀로 코로도 더듬고
더듬이가 없는 마음으로도
달팽이가 더듬이로 더듬듯이

어둠이 장막을 치면
전등 스위치를 더듬고
관람석 좌석을 더듬는다
길을 더듬어 가기도 한다

나이 따라 변해 가는
신비한 여체를 더듬듯
비와 바람과 구름을 더듬는다

세월 따라 달라지는
내 마음속을 더듬는다
꿈이 자라는지 꽃이 피는지
물이 흐르는지 막혔는지
잡초가 무성한지 아닌지
굴곡이 심한 내 인생을 더듬어 본다.

보고 싶고 생각이 나서

생각이 나서 생각이 난다고 말을 하고 싶으나
보고 싶어서 보고 싶다고 고백을 하고 싶지만
대답 없는 그대에게 말을 하느니
생각이 나고 보고 싶은 이 마음속에
보고 싶은 그대 모습 만들어 놓고
생각이 나서 보고 싶다고 말을 하련다
보고 싶어서 생각이 난다고 말을 하련다

그리워서 그립다고 말을 하고 싶으나
사랑해서 사랑한다고 고백을 하고 싶지만
보이지 않은 그대에게 고백을 하느니
그리웁고 사랑하는 이 마음속에
사랑스런 그대 모습 만들어 놓고
그리워서 사랑한다고 말을 하련다
사랑해서 그립다고 고백을 하련다.

설 외 1편
―설 치고 남은 푸념

오재열

새끼가
새끼를 낳고
안고 업고 걸러들 왔다

괴괴하던 온 집안이
왁자지껄 웃음꽃이다

웃음꽃, 한물에 지면
또 한 해를
어찌할꼬.

덕배의 출세

물꼬를 터 버리고 도회지로 신접 나온
덕배의 하얀 칼라에 나비 한 마리 앉았네
룸살롱 휘황한 불빛에 취해 그냥 앉았네.

수숫대 닮은 손매듭 호박잎 같은 손바닥을
실크 원단 레이스로도 그걸 정녕 못 감추고
입가엔 웃음을 물고 속눈썹엔 그늘지네.

은쟁반을 빙빙 돌던 거나한 양주병들
환락의 밤을 불러 건드레한 거드름이
웨이터, 외마디 한 소절에 소쩍새가 날아가네.

파랑새 날아다니다 외 1편

우 태 훈

온종일 날아다니니 날개 아프다
분수대 물줄기가 그립다
먼 곳으로 날아가는 새도 있어
아쉬운 이별이다
남북을 오가던 새는 날개를 접었나 보다
그의 집도 없어졌네
상처 입은 새 언제 아물까
서로가 그리워하며
침묵하고 있구나
공동연락사무소 폭파되던 날.

오래된 것은 귀중하다

도자기도 오래된 것은 귀중하다
고서도 오래된 것은 귀중하다
친구도 오래된 친구는 귀중하다
사랑도 오래된 사랑은 귀중하다
고로 오래된 것은 귀중하고 비싸다.

구름은 가고 외 1편

원 수 연

구름의 실체 찾아
허공에 빠졌을 때는

냇물이 꿈을 적셔
혼을 넣어 깨워 준다

물소리
해맑은 정담
웃음 섞어 들려주고

적막이 머무는 곳
떠돌던 구름은 가고

근심 찬 온갖 회한
바람이 닦고 난 뒤

빈 가슴
밝음을 채울
해가 나와 웃고 있다.

빈 마음

몇 남은 단풍잎들
서러워 울고 있다

세월이 몸을 끌고
바람으로 가더라도

웃으며
미련을 털고
한恨도 정情도 벗고 가렴

하늘 향한 외침도
낙엽으로 재우면서

혹 있을 남은 욕망
검은 맘도 닦아내고

빈 마음
허공을 사는
심령들을 만나보게.

동자바위의 노래 외 1편

유 | 경 | 환

세 지붕 중턱엔
글 읽는 삼형제
동자바위 되었에라

쌍초댓불 밝혀 두고
글 읽는 소리 따라
망아지 바위도
어미말 바위 되었에라

어서어서 빨리빨리 자라나서
성숙되고 이지적인 연구를 하거라
공을 들여 일을 하고
작품을 완성하거라 노래하는 동자바위여!

큰 소원을 만족시키고
큰 소원을 성취시키고
위대한 업적을 남기는
계몽지도자가 되어라

새로운 발견과 발명을
노래하는 촛대 바위여!

어미말 바위의 노래

정력적이고 영리하게
민첩하고 우아하게
날렵하고 충성스럽게
기세와 권세를 떨치거라
고결하고 순백한 고귀한 신분으로
영광스런 관직에 오르거라
노래하는 망아지 바위, 어미말 바위여!

글소리 가락을 맞추어
금수강산 내 나라는
천하제일 강산이라 노래하도다

인걸은 지령이라
쌍초댓불 밝혀 두고
아름다운 노래처럼 들려오도다

외금강 봉우리엔
뛰놀던 어미말과 망아지도
공부에 방해될까 봐
움직일 줄 몰랐어라

천하명산 명승지는
글 읽는 소리 따라
빚어낸 것인가 보다

학문 숭상의 나라였다고요
선비정신의 나라였다고요
문화 중심의 나라였노라
조물주의 애지으신 뜻
헤아려 보신 달 어떠하리요.

봄의 이야기 외 1편

유 나 영

봄날에 연분홍 꽃저고리 입고
산책을 하면서
바람이라도 앞세우고
고향 어귀 그리운 것들을 불러대다가
야트막한 산모롱이에 놓여 있는
바위에 앉아
옛이야기 이삭 줍듯 그려내 보고
잡풀이 발끝에 스치는 풍경을 다독이면서
그리움에 보채듯이
그렇게 이야기도 걸러내고
앞개울가 물이라도 흐르면
물가의 이야기를 걸려내면서
오랜 시절의 숨은 이야기도 끄집어 내고
산딸기 보송하게 돋는 이랑쯤 따라가 보며
곱게 정들었던 자연의
섭리를 삽화처럼 그리면서
정에 묻었던 친구의 이야기
세월이 저만큼 난간에 꽂힌
참 많이 보고 싶은 것들 하나씩 골라가며
그냥 싱겁게 울어대기도 하면서
마냥 걸음을 내딛는다

나는 내 사유의 능선에
걸친 앞서의 풍경을 왜

관리하면서 살지 못했을까
삶의 이랑마다 무엇이 장막으로 걸쳐
고향 언저리를 잊고 살았을까
새삼 반문하면서
오늘 모처럼의 산책을 한다
조금씩 파랗게 물들어 가는
이 시절의 체감에 새삼스러워 하면서
나는 이 봄 길을 돌아보고 있다.

고향 길

고향 길 접어들어 서둘렀지만
아무와도 만나는 일이 없었다
무릎을 맞대고 풀잎 무성한
산길에 이르러
고향을 앞에 세워 놓고도
우리는 아무와도 만날 수 없었다

저물면 굴뚝에 하얀 연기 지피고
서둘러 집에 달려가지만
그때 우리들의 평화가 묻은
집은 보이지 않았다

산정을 넘어 산고개에 서서
소리쳐 보랴
환청이 목구멍에서 울렁이게 될 때
그리워 목 놓아 울어 보랴

고향에 이르러 아슴아슴 배인
허상이 밤안개처럼 덮여 오면서
우리들의 삶은 오류에 묻혀
차가운 바람을 맞고 있었다.

생태계 호소 외 1편

유 양 업

잿빛 하늘
허공 감아
삶의 숲 망가뜨려
대지 위에 넘실대니

만물이 아픔의 깃 펼치며
소리 없는 고뇌
붙들고 애원하며
푸른 하늘 붉은 태양 맑은 공기
그리워하고 있다

대기 오염에
견디어 온 고통
숨결 벅차 온몸 퍼덕이며
폐비닐 태워
연기 오를까
현기증 일으킨다

푸른 강물 굽이쳐 흘러
너른 바다와 어울러서 일렁이는데
길손들이 버린 양심
간 곳마다 널브러져
심장 콕콕 찔러
숨 막힌다

오염 두려워
번뇌의 어둠 안고
상흔 어루만지며
절벽 위에 엉거주춤 서서
순수 자연의 싱그러움 안고 싶어
시름시름 앓고 있다.

백사장

아침 햇살 조명으로
물안개 수놓고
눈부신 하얀 모래
발자국 지우며
은빛 띄운다

하늘이 내려준
환상의 싸락눈
사각사각 가슴 태운 불꽃
노을 붙잡은 채 바람 휘감아
연민 다독인다

출렁이는 물결 위에서
달빛으로 너울 쓰고
향수 널려 있는 설렘
아스라이 곡선 타고
도란도란 속삭인다

모래톱이
파도에 깎이고
포말에 씻겨도

긴 세월 밀려든 상흔
동그랗게
별처럼 반짝인 성 쌓는다.

바라나시의 순례자 외 1편

유│인│종│

　바닷속 물고기 떼 같은 인파가 파도에 밀리는 조약돌처럼 이리저리로 쏠리고 인력거와 삼륜차의 무리가 실타래처럼 뒤엉켜 덩어리로 내달리다가 멈칫거리는 곡예를 하고 호객하는 노점상의 괴성이 빵빵대는 차량의 경적에 뒤섞여 왕왕대고 이슬람의 기도가 고성능 마이크에서 고막을 찢고 희뿌연 향 연기와 짙은 먼지가 콧속에 매캐하고 아이를 들쳐 안고 구걸하는 여인의 시커먼 손이 팔소매를 잡아 늘어지고 초라한 지붕 밑에 누워 있는 노숙자들 틈에 개들이 한가로이 섞여서 자고 길 복판을 어정대던 소가 갑자기 꼬리를 치켜들고 설사를 한다.

　땅과 하늘이 범벅된
　이 북새통 거리에
　나마저 또
　한걸음 보태고 간다.

※바라나시: 인도에서 가장 오래된 도시 중의 하나로 힌두교와 불교의 성지

내 마음의 노래

별빛 새는 초가삼간은 내 생명의 요람이요
달빛 어린 교회당은 내 신앙의 요람이며
망향산 위에 뜬 무지개는 내 꿈의 요람이요
달구벌 언덕에 쏟은 땀은 내 삶의 요람이라

옹달샘을 흘러 넘쳐 실개천에 띄운 노래가
흙탕물에 휘둘리고 더러는 광풍에 휘말릴 때
애달픈 사연이야 안개요 구름이요 바람이려니
그 또한 눈을 들어 산을 향한 사랑의 메아리라

품을 떠난 자식들은 아비의 간증이 귀에 멀고
제 삶의 갈무리에 젖어 무소식이 희소식이요
서당에서 회초리 들고 큰 바위 얼굴 그렸더니
청출어람 후예들이 백가쟁명 속에 회오리라

강물 따라 흘러온 노래는 굽이굽이 서러운데
오늘도 그 다리 밑으로 또 강물은 흘러서 오고
낡은 일기장 속에다 곱게 곱게 접어둔 편지를
내 사랑 손자는 제 마음의 샘터로 새겨 주려마

황혼에 긴 그림자를 서녘 노을에 묻어 두고
날개 접는 이 밤에 나비 되는 꿈을 꾸다가
칠순 넘어 산수 오고 망구가 손짓하는 날에
빛바랜 사진첩 챙겨 들고 별빛 마을로 가리라.

그대 그림자에 그리움을 새기고 외 1편

유 정 미

그대의 애련한 미소를 바라보니
비애의 눈물을 흘릴 수밖에

비밀의 경로를 찾아서
그대 그림자에 그리움을 새기고
물안개에 갇혀 꼼짝달싹 못한다

눈먼 고혹적인 매력
이슬을 담은 눈망울
엉성한 입술에 싹쓸바람이 불어와
진귀한 마음이 갈가리 흩어진다

사그라지는 눈빛에 감금된 마음
빛 조각조차 꼬리를 감추니
고독의 흔적이
긴 가슴에 얼룩진다.

장마의 눈물

먹먹한 흑암이 짜부러져
거친 숨을 내쉰다
초록 잎을 할퀴며
나무 뿌리째 낚아챈다
담장에 기댄 하얀 장미가
오돌오돌 떨며 울고
세상 길 자신만만하게 달리던
차들은 물에 목을 매며
옴짝달싹 못한다

새색시처럼 단장한 집들은
흙에 엉켜 넋을 잃고
아기 손이 삶의 과정에서
두꺼비 손으로 변한 애달픈 인생들
눈빛 따라
손길 따라 가꾸고 또 가꾼 논밭은
거친 장대비에 드러눕고 끙끙 앓고 있다

물 폭탄에 쓰러진 아픈 인생들
이 아픈 상처를 보듬어 주는
맑은 햇살이
온 대지에 뿌려지기를
두 손 모아 하늘을 바라본다.

인생 역 외 1편

윤 명 학

아름다움은 이내 피었다
이내 지는 저 꽃은
구황 시절
어머니 눈물처럼
혹독한 삶 깊고 맑은 사랑
숨어 있을 것이다

구름 속에 갇힌 햇볕
만남 속에 헤어짐을 안다
바람 소리 천둥 소리
촘촘히 박힌 은하수처럼
그 역에 닿기도 전에
눈덩이처럼 그리움만 낳고 있다

등짐 속 삶의 버거움
그림 속의 넋인 삶은
회귀심의 종착역에 잦아지는 것을

인생은 쟁기에 갈고
세월은 양푼이에 비벼 먹고
인생에 강을 건너오는 물살처럼
그리움을 더없이 보낸다

인생은 한 정거장 속 승객인 것을.

방짜

어찌도 너의 삶은
그리도 고달프더냐
수없이 불아궁에
풀무질 당하면서
싫은 내색 한번 않더냐

돼지도록 맞고도
그것도 모자라
다시 불아궁이 들어갔다
냉탕에 담금질하는 네 모습은

참 기구하게 보이지만
그래야만 아름다운 빛깔과
아름다운 음률로
우리 곁에 머물러지는 것 아니더냐

맞고 사는 팔자
맞아야 빛나는 팔자
맞아야 즐거움을 주는 팔자
너는 우리 삶에 없어서는 안 될
아주 귀한 동반자가 아니더냐.

나는 누구인가 · 210 외 1편
―아동문학 정휘창 선생님

윤 한 걸

바이러스와의 전쟁이
오늘 내일 끝날 것 같지도 않고
산다는 것이 입마개를 하고서
찌는 듯한 여름은 오는데

숨도 제대로 못 쉬는 더위를
오늘은 중심사證心寺에 들렀다
아담하고 조용한 도심 한켠
한재 정휘창 아동문학하신 선생님

연로하신 95세의 세월을 이기시고
이 사찰에 방 하나 얻어 집필하시던
그 현장을 가본 우리 일행 60명
아산 장씨들의 묘역 앞 정 선생님 안 계시고

고추 심고 옥수수 심어 들녘은 철조망으로
고라니 멧돼지 지킨다고 가린 듯
대웅전 뒤켠에는 쓸쓸하고 조용한데
심우도는 보이지 않는데 대나무 울고

다 돌아 나온 중심사 경내는 한적하고
스님은 한 분도 보이지 않고
보살님 절을 지키고 계신 대웅전
내 마음 보듬고 나온 나는 누구인가.

나는 누구인가 · 211
― 월광月光 수변水邊 공원公園 한의사

달빛이 아름다운 수변 공원
산의 수목림이 울창하고 싱그러운 산림
음악 분수가 춤을 추는 곳
이설주 시인의 시비 누부야 시는 인기다

그런 수변 달빛 공원 옆 동리에
자리 잡은 어느 한의원 한의사
명석한 두뇌로 환자들을 감동시킨다
삶이 아름답다는 정답을 미리 예견하고

번잡한 도시에서 먼저 나와서
달빛에 얼굴 씻고 소나타 연주하며
새벽을 여는 사람이 아니던가
통증으로 답답한 가슴을 품고 가는 사람

봉침도 아니오 특수침도 아닌 침으로
다스리는 사람 운무에 가리운 산세는
미래의 정답을 말하고 있는데
내 또 한번 가슴이 후련함을 느끼고

엄청 큰 뇌리에 박히는 희망
역시 이래야 돼 침은 이렇게 놓아야
내 입에서 감탄사를 내뱉게 한 사람
다리 절며 올라갔다 내려올 때 온전히 내려온

감탄사 연발하며 달린 세월
한의원을 시내 한가운데서도 하고
산에서 한의원 한번 해보고
이제는 바닷가에 한의원 한다고

고향 어깨에 지고 떠난 사람이
언제 고향 땅 밟을 날이 올지
알 수 없지만 해수욕장 옆에 갔다네
그것을 지켜보는 나는 누구인가.

석화石花 외 1편

윤| 희| 로|

날줄과 씨줄이 오고 간 기나긴 자리에
오직 하나만의 북통으로
쌓여만 가는 생生에
멍으로 얼룩진 상처만 남은 그리움

도덕과 양심의 경계를 넘지 못한
두려운 민낯은
석화石花가 되어 버린 오랜 세월

뜻하지 않는 찬미의 등불 밝혔으나
경계 앞에 망설임은 인륜인지 천륜인지
다가갈 수도 돌아설 수도 없는
야릇한 마음

이 밤도 석화는
피어나지 못한 망부석이 되었다네.

모란이 피면

모란이 피어나면
나는 꽃단장한 새색시 되어
꽃그늘에 앉으리

임과 함께 벌 나비 되어
꽃술 사이를 맴돌며
사랑의 밀어를 나누고 싶네

꽃잎 터져 활짝 웃는 날
파란 하늘 끌어안고
아름다운 노래 부르리

모란이 고개 숙여
뚝뚝 떨어지는 날
나는 또다시 피어날 그날을 위해
별 헤는 밤을 묵묵히 지새우리.

봄비 외 1편

이 근 모

꽃샘추위 봄바람이 휘몰아쳐
메마른 땅 흙먼지 일으킬 때
봄비가 촉촉이 적셔 준다

피워 주고 맺혀 주는 꽃과 열매
땅속 깊이 뻗어 내리는 그물망 뿌리
우리 한반도 절기의 천혜 속
물오른 가지가 파랗다
물오른 풀잎이 짙푸르다

죽어 가는 겨울 초목들에게
성장 촉진제가 되어
메마른 땅을 소생시켜
굶주린 동물들을 일제히 먹여 살린다
씨를 뿌리고 모종을 심어 가며
내친 걸음이
더 큰 성수기를 맞이하도록.

새봄맞이 봄봄

새봄을 맞이하여 동식물들이
춤과 노래와 묘기를 부려가며
온 세상을 빼곡하게
기적의 삶을 넓혀 나간다

다시 태어난 몸짓으로
달리기를 보여 주는 산짐승들
높이 날아오르는 날벌레들
꽃을 피워 주는 나무들
숲이 하늘을 가려 주고
비구름이 마른 강바닥을 채워 주고
녹색 먹거리가 다채로운 여린 잎

이런저런 활력소가 넘쳐나
삶의 이야기가 많은 분지의 기슭에
오색 무지개를 박아 주면
너와 나는 자연인 멋쟁이가 되어
곱디곱게 살아가는
무지개 속 새봄맞이다.

시간의 덫에 갇혀 외 1편

이 근 우

꿈결에 그리고 그리던
떠나온 고국의 어머니와 다시 만날 날은
기다리고 기다려도
아기 손톱만큼도 줄어들지 않아도

해거름에 쫓겨 달리고 있는 차 안에서도
날 선 시간은 시한폭탄처럼
째깍째깍 턱밑까지 쫓아왔다

일상의 물살에 휩쓸려
떠내려가는 나뭇잎처럼
벗어날 수 없는
시간의 덫에 갇혀 숨을 헐떡이다 보니

몸져누우신 어머니에게 달려드는
야차 같은 사자는
숨 고를 겨를조차 주지 않았다

시간이란 뫼비우스의 띠에서
숨 돌릴 틈이 있으면
시간의 언덕 저편을 바라보며
어머니와 함께 즐겁던 어린 시절
흘려버린 꿈같은 향수에 젖는다.

가을 앞에 서성이며

가을이 밀려오는 너울 속에서
가까이 있던 것들이 멀리 물러나고
익숙하던 것들도 낯설게 보이면
무엇인가를 찾아 무작정 여행을 떠날 일이다

설레는 여행길에 오르는
차창 밖에 내리는 가을 빗줄기
텅 빈 가슴에 촉촉이 떨어지는 울림을 느껴 보라

스피커에서 흘러나오는 블루스에
아득히 눈이 감겨 올 때
차창 밖 긴 머리 여인을 품은
바람에 하늘하늘 날리는
빨간 프렌치 코트의 가벼움을 바라보라

기다림에 익숙한 간이 기차역이
내려다보이는 조붓한 찻집에서
라떼 한 잔의 향기가
사각사각 낙엽 밟는 소리에
묻히는 속삭임을 들어보라

가을이 오면
바람에 흔들리는 그리움의 여운 안고
가슴속에서 꿈틀대는 무엇인가를 찾아
무작정 여행을 떠날 일이다.

설매雪梅 외 1편

이 기 종

늙은 나뭇가지 끝 눈 맞은 매화
희고 서러운 눈송이 날리니
생기 넘치는 꽃망울 얼음을 녹인다

매화 피는 곳에 내 님 계시니
나도 저 꽃과 함께 내 님을 맞으러니
멀리서 들려오는 새소리가 즐겁다

고독한 외로움이 몇 년을 반복되어도
그리움이 승화되어 맑고 향기로우니
석양에 날리는 꽃잎 더욱더 아름답다.

메밀 꽃

가뭄이 길어져
천수답엔 물이 없어
갈아엎은 논에
마지막 희망으로
메밀 씨를 뿌린다

하얀 눈송이 같은 꽃이
메마른 땅에 가득 날리고
농부의 손끝에 앉은 나비와 함께
꽃송이마다 맺혀 있는 기쁨

가뭄 끝에 내리는 가랑비에
춤을 추듯 흔들려도
너는 내 가슴속에 깊이 있어
꿈과 보람을 엮어 나간다.

홍시紅枾 외 1편

이 만 수

짙푸른 어린 단감이
푸른 잎에 묻혀 내다보이다
추상열일秋霜烈日 날이면 날마다 성숙해 가는 열매들이
상상을 초월한 자연을 호흡하며
차갑고 부드러운 과실果實
가을이 되면 항상 아우라AURA※
가만히 고맙다고 머리 숙여 감사한다
내년來年에 또 너와 같이 삶을 헤매일까
지향 없는 사풍세우斜風細雨를 알 수가 없어
망구望九인가 홍시인지 나를 지켜줄 너에게
너그러이 묵례한다.

※아우라: 어떤 대상이 가진 다른 것과 구별되는 독특한 분위기

포항飽享※

종일 즐거운 소식 기다리다
축 늘어진 가지에 대롱대롱 푸른 잎 달고
주렁주렁 과실도 달고
8월의 뜨거운 태양을 반기며
미숙과 숨음질
이것저것 순서도 없이
운수에 따라야지 오래 생각할 여지가 없다
온몸 솟아오르는 짭짤한 고염苦鹽
과수원에서 호주머니 핸드폰이
가을의 풍요를 전파한다.

※포향: 흡족하게 누림

산골 풍경 · 977 외 1편

이 명 우

오늘은
저 위에 사는 신선이
김치를 담근다기에
올라가 보았습니다

꽃구름을 뜯어 와
찔레꽃 향기에 절여
밤안개를 다져서
무지개를 빻아 버무린
속을 넣어 만든
꽃구름 김치

한 그릇 받아들고
오는 길에
먹어 보는 구름김치 한 조각
마음이 사롯이 젖어
꽃구름으로 물든다.

산골 풍경 · 978

초롱초롱 밤하늘에
반짝반짝 익은 별
산할아버지가 장대를 들고
하늘을 흔든다

후두둑 후두둑
마당에 떨어지는 별들
봉지 봉지 담아서
곳간에 쌓아 놓고
그 별로 별밥을 지어
먹고 사는 산할아버지.

반가운 손님 외 1편

이 목 훈

깊은 산중에
반가운 손님 오셨네
누군가를 만나러
깊은 산중으로
찾아오셨네

깊은 산중에
반가운 손님 오셨다고
그동안 마련해 두었던
고구마
고구마가 손님상에 오른다
귀한 손님 깊은 생각에 잠기셨네
바로 이거야
배고픔을 이기게 하는 것은
바로 이거여
훗날
경제력의 원동력이 되었다고….

시간에게

편지를 쓴다
북악산 맑은 공기와 청명한 가을 하늘
지나가는 등산객들의 따뜻한 마음을 듬뿍 담아
떠나려는 시간이라는 너에게 보낸다
내 인생에서 제일 젊은 날 오늘
말바위 아래에서
붙잡을 수 없는 너에게 편지를 쓴다
받아 볼 날은 속달 등기우편 배달부가 알겠지요
그리 유명하지도 않은 무명시인이 발신인입니다
바쁘게 가려는 시간 너에게
그럼 안녕
보낸 날 이천이십년 구월 이십칠일.

무더위 외 1편

이 병 철

허덕이는 땀방울 주저리주저리
가시 돋친 땀내 주저리주저리
부러진 부챗살 주저리주저리

몹시 뜨거운 여름 땡볕
오가는 여름내기들의 매무새
주저리주저리 허물다.

시인의 가을

쏟아지는
가을 하늘의 파아란 향기
파랗다 못해 향내 짙은 애잔함

가랑잎 소슬한 속삭임
가을의 심장 소리
깊은 가슴속을 태질하다

무게 진 지난여름의 허덕임
소리도 매도 없이
그렇게 훌훌 벗어 버리고

애잔한 향내 짙은
가랑잎 소슬함에 물들어
그냥 가을이 되고 싶다
애잔함의 늪에 빠지고 싶다

가을의 늪에 빠질 수 있는 시인이야
스스로 시인이라 어찌 부끄러우리.

불면증 외 1편

이 상 익

내가 부르면
한 뼘쯤 다가온다

내가 울부짖으면
한 발쯤 다가온다

부질없는 짓일까

연이어 찾아오는
하얀 밤.

해바라기꽃

오늘도 온종일
그대 꽁무니만 쪼르르

그대는 결국
저 산 너머 숨고

결국에야 떨구고 마는
가녀린 고개

또다시 시작되는
깊은 적막감.

유체이탈 외 1편

이 성 남

목숨 버릴 양으로
태백산 헤매던
사내는
6년 세월 지나 도인 되었다 하네

가족들 출입 금지
열쇠 잠근 방 안에 앉아
보름 기간 예정으로
법계 여행 다녀온다지

북두칠성 찾아 길 떠나면
북극성인 듯 싶은 자리 멈추어
궁금증 풀어 던지면
답변이 혼백에 젖어든다고 하네

조용한 마음 간절함 정성에 담고
돌부처든 정한수든 어디에든
무릎 꿇어 두 손 모으면
조금씩 조금씩 팔자소관 달라진다네.

소풍놀이

소풍을 가요
햇살 따스히
내리쬐는
골목길께

예학동
어린 소녀와 함께
맛있는 집으로

주먹 소고기 밥이랑
치즈 라면이랑
아기 소녀랑
신난 소풍놀이 집.

※예학동: 마포구 현석동 '박세채 선비' 예학 유래

방탄소년단 외 1편

이 양 자

꿈과 믿음 일으킨
빌보드 정상
오기와 패기 열정과
투기를 밑거름 삼아
자부심 일으킨 쾌거

우리 문화 알리고
고뇌의 다리 지나
아득히 먼 곳에서
탐스러운 열매가
세계 속에 희망의 춤 춘다

일곱 색다른 꽃편지
여린 가슴속에
웃음으로 화답하며
불안과 우울의 날도
눈물 흘리며
다시 일어선 그들

아미들의 힘이
음악이라는 큰 꿈을
21세기 비틀즈로 키웠고
예측할 수 없는 꿈의 슈팅에
왼발 오른발 구분 없이

오로지 열정 다해
태극기를 향했다

멤버 전원
지방 출신으로 똘똘 뭉쳐
가사 전달에도
폭발적인 인기 얻는
착한 마음밭
품위까지 갖춘 멋스러움
전 세계 음원 차드를 석권했다

우리말로 된 가사가
집단으로 불리는 신드롬
한류뿐 아니라
한글 확산에도 기여한 공
하늘을 찌른다

순간순간 몸놀림에서
톱니바퀴 맞물리듯
착착 엮어져
미래 세대 위한 활약은
세계를 누비고 있고
우리나라를 널리 알린
자랑스런 대한민국 그룹.

동피랑 마을

역사 깃든 담벼락에
그림으로 태어난
옹골진 벽화 마을
사랑꽃 피었다

동양의 나폴리 통영
구불구불 달동네
산 바위 비랑지대가
알록달록 문화의 보물창고

형형색색 갈랫길
구수한 사투리
물결 모양 꽃모양
파도빛 찬란하다

예술혼과 곡선들
귓가까지 달려오는
뽐내고 떠 있는
바다 곁 동화나라.

하늘 외 1편

이영례

그때 그 자리
그 사람
지나가고 없지만

문득 어느 때나
풀리는 타래

펼쳐진
그 하늘만
자꾸 우러러본다.

밤의 수채화

검은빛에 깔려서
캄캄한 하늘
점점이 밝고 어두운 별들을
실에 꿰어
작은 달을 그리고 꽃을 그린다
불꽃을 그리고 축포도 쏘아 올리고
그리고 슬픈 의미로
여백의 미도 살리고
보고픈 말과 시간도
술술 풀려나오더니
덜컥 움직임이 멎고
시들함에 빠진다
진실은 진심은
숨지 않고 나와야 하는데
그래야 한다고
고개를 끄덕이는 지금 여기는
어두운 밤하늘이다.

미래 AI의 문인들의 창의성 외 1편

이용부

나는
실리콘벨리에 기능을 집어넣고
감성을 만들어

나는
인공지능에 감성 칩을 넣고
시인이 되어 글도 쓰고

나는
인공지능에 감성 칩을 넣고
작곡가 되어 작곡도 하고

나는
인공지능에 감성 칩을 넣고
소설가 되어 소설을 쓴다면

왓슨 로스 법률인공지능
조교도 인공지능으로 활동을 하고
미래학자의 미래 예측은 맞을 수 있을까?

시도, 작곡도, 소설도 어떤 글이 창의성? 흥미로운 세상이지 않는가?

그리움이 몰려올 때면

그리움이 몰려올 때면
산기슭 강을 따라
약속도 저버리고 서둘러 달려간다
섬강 뱃나루 모퉁이 가파른 길에
듬성듬성 돌을 쌓은 산모롱이
산 굽이굽이 그렇게 돌아
작은 발걸음 흙 먼지 사각거리는
하얀 속삭임 흔들리는 고갯길
언덕 위 하얀 집으로 달려간다
오솔길 마을 입구 길을 따라
가파른 길 옆 모인 호숫가
그대들 모인 곁으로 사랑 안고 달려간다.

한국전 참전 용사·1 외 1편

이 우 재

오늘도 떠오른다 또 지금도 울려온다

전우가 남기고 간 마지막 말 한마디가

무궁화 호국 다진 땅 대한 만세 부른다.

한국전 참전 용사·2

몸 바친 겨레 앞에 나라 사랑 고운 정은

한국전 참전 용사 전공상훈 새긴 몸을

한평생 푸른 건강 길 천만수 누린다.

그리움 외 1편

이 은 협

얼마나 많은 날들을
가로등 희미한 골목에서
서성거렸는지 모릅니다

호숫가 물망초로 피어난
너와 다정했던 시간들을
잠 못 들고 뒤척이며
그리워했는지 모릅니다

얼마나 많은 날들을
달빛에 빛나는
이슬의 추억 더듬으며
괴로워했는지 모릅니다

잊으려 했던 나의 마음은
물거품 같은 안개인가
매일 퍼내어도 남아
사랑의 인연이
이렇게 질긴 줄 몰랐습니다

별을 헤아리며 은하를 넘나든 그리움
날 밝으면 잠재우려 했는데
밤은 왜 날마다 오는지요.

욕지도 欲知島

세상의 모든 것 다 잊고 살 것 같은
한국의 에덴동산 욕지도 가보셨나요?

햇볕 속에 졸고 있는 파란 하늘보다
더 푸르게 펼쳐진 바다 위
도란도란 이야기꽃 나누며
이웃하여 점점이 떠 있는 섬들
어머니 그리움처럼 밀려오는 파도를 잡고
비밀의 언어로 속삭이는 욕지도

나는 에덴동산에 갇힌 한 마리 새가 되어
독수리처럼 날개를 펴고 이리저리
마냥 날아다녀 보았다

태초의 아름다운 숨결의 미소가
맑고 파란 웃음으로 퍼지는 욕지도
바람의 켜 속에 푸른 물결이 곱다
용왕의 세 딸
900년 묵은 총각 이무기 사랑하다
용왕의 미움을 사서 바위가 되었다는
삼여 바위
욕지도 최상의 절경으로
지금도 쪽빛 바다에서
이무기를 그리워하고 서 있는 것 같다

환상幻想의 하늘나라 같은
무욕無欲의 섬 욕지도
오직 하나님의 영광榮光을 위해
창조創造된 섬 같은 욕지도를
한 바퀴 돌아보셨나요?

개떡 자매 외 1편

이 인 오

그의 그림자가
되고 싶던 날이 있었다
혼자만의 섬에서
한 마리 새가 되어도 좋았다

낡은 서랍 속 잠든 이야기가
초록의 커피잔을 보내는 봄날
손수 발을 씻겨 주며
빛이 되라 말해 주던
슬픈 눈빛의 젊은 내 사제여

이제 봄은 가고
남겨진 그리운 이름 앞에서
개떡 자매라 불러주던 그는
지금 어느 별에서
잃어버린 양을 찾고 있을까

나의 뜨락을 채우는 볕살 위로
푸른 바람이 인다.

무제

언제부터인가
도심의 밤거리를 홀로 거니는 이방인의 쓸쓸한 고독은 항상 떨리는 오한으로 찾아들고 달빛에 잠긴 외로움은 진동처럼 가슴으로 파고들었다

첫 키스의 상처처럼 바늘 돋는 입 안은 얼얼하고 가슴은 언제나 막연한 그리움으로 눈물을 만들며 바람에 흔들렸지

때로는 수많은 인파 속에서 때로는 멀어진 날의 언저리에 서성이던 젊은 날의 이야기들 적당히 선善을 행하는 의로운 이가 되고 싶었던, 저만큼 망각의 늪에서 일어나 분수처럼 흩어지는 한 무더기의 서글픔이여

나는 또 잡을 수 없는 것들로부터 멀어지는 회한으로 오열하는데 막다른 골목길에 켜진 외등 기다란 나의 그림자를 보듬으며 인생은 그런 거라고
비틀거리다 가로수에 부딪혀 쓰러지는 술 취한 이의
모습처럼 몽롱하게 흔적을 남기며 사라져 가는

그런 거라고.

근황近況 외 1편

이재곤

엄동은 다가오고 코로나 매서운데
앙상한 가지처럼 초라해진 사람들
별만큼 많은 사연들 도심 속 가슴앓이.

가로수 보도 위로 낙엽은 뒹굴고
꼬인 곳 알 듯한데 풀리잖는 실타래
윗물이 맑게 흐르면 아랫물도 맑을 것을.

술회 述懷

내일로 미루다가
어느새 황혼이다

희망찬 꿈들은
내 곁을 떠나가고

세월은 이리 짧은데
여름 해가 길다 했나.

뜻 없이 살다 보니
삶의 자취 하나 없다

뉘우쳐 후회한들
늦은 걸 어찌하랴

청춘은 춘몽春夢 같은 것
촌음寸陰을 아낄 것을.

졸업 외 1편

이 재 성

형님은 4학년 9반에
어머님은 8학년 6반에
졸업했다

형님은 천재라서
일찍하고
어머님은 백치라서
늦게 했을까

아니다
형님은 목수였나 보다
어머님 가슴에 못 박는 소리
쾅쾅쾅….

철길

유가족 슬픔 속에
장의사 미소 있고

이재민 한숨 속에
포클레인 노래 있네

엇갈린 화음 속에
공생하는 인생 열차.

하늘 향내 외 1편

이 재 흥

책장 위
청옥 골동품 사슴 한 마리

태어나
한 번도 감아 보지 못한 또렷한 눈
오직 하늘만 바라본다
창틀 쪽으로 목까지 길게 빼고서

하여
하늘색으로 물든
마음
몸통도 물들어 함께 곱다

그 마음속에서 우러나온
귀한 생각들
하늘처럼
높고 넓고 맑게 푸르다
햇빛처럼
밝은 뜻이 있다

그 생각에는
하늘 향내가 난다.

마음의 잔

비어 있는
내 마음의 잔에
아내의 책 읽는 모습이

책 속에
새로움이 있고
판단하는 슬기가 있고
노력하는 방법이 있다

터엉 빈
마음의 잔에
아내의 책 읽는 모습이

삶 속에
바라는 것이 있고
가야 하는 길이 트이고
이루어 내는 기쁨이 있어

늘 책 읽는 아내의 모습
내 마음의 잔을 채운다.

세월의 강 외 1편

이 전 안

백두의 푸른 눈썹 바람에 날리는데
밤새워 슬피 우는 소쩍새 울음 한 점
들풀에 이슬로 맺혀 시내로 흐른다.

장엄한 저 무등에 구름 한 채 앉히면
산을 물고 버들멧새 스룽스룽 날아와
만상의 갈피마다에 햇살이 널을 뛴다.

조선 여인 화선지에 붓끝 세워 먹물 찍은
붓놀림 진경산수에 들어서는 시간 앞에
하늘의 해묵은 달이 봄빛 물고 떠 있다.

해를 봉헌한 하늘

뻐꾹 울음 천 년 모아
태산을 이루었네

새봄을 물고 오는
파랑새 푸르른 산

새들의
고운 날갯짓
추사체로 눈부시다

하늘이 초대하는
용구름, 꽃구름도

바람 따라가는 건가,
낮달 홀로 헤매는 길

숨겨둔
해를 봉헌한
조선 하늘 동살 잡고.

무심한 사람아 외 1편

이 정 님 이룻

그대 보내고 자르지 못한 그리움의 뿌리
가슴 깊이 접어두었더니
빙점氷點에 닿아 밤마다 가슴 치며 서걱대네
세월 어느 갈피에도 실려 가지 못하고
멈춰 버린 그리움 고요하라 일렀으련만
시린 눈썹 젖도록 아픔만 몰고 오네

투명透明하게 가라앉아야 할 내 사랑
함께 닿지 못한 삶의 기슭에
장지문 밖 밤비 소리
은은하게 사랑하라 일렀으련만
어금니 시려 물고 돌아누워도
그리움에 잠 못 이루는

창문 열고 별빛에 가슴 열어
은하수 물살로 그득해지면
우리 만남의 흔적 부표浮漂로 띄울 수 있을까?

잃어버렸습니다

두 손이 주머니를 더듬다가
길을 나섭니다

돌과 돌이 끝없이 잇대어 돌담을 끌고 갑니다

돌담은 문을 굳게 닫은 그대로
길 위에 그림자를 드리우고
길은 아침에서 저녁으로
저녁에서 새로운 아침으로 통하고 있었지요

돌담을 더듬던 눈에 눈물이 고여
고개를 드니
하늘은 부끄럽게도 푸릅니다

풀 한 포기 없는 이 길을 걷는 것은
담 저쪽에 내가 남아 있는 까닭이고
내가 자꾸 이 길을 걷는 것은
다만
잃어버린 나를 찾는 까닭입니다.

명상瞑想 외 1편

이종문

나 홀로 눈을 감고 하늘과 땅 오가며
가슴에 쌓인 한을 말끔히 비워내고
머릿속 한과 설움도
깨끗이 씻어내면

햇살이 날 찾아 하늘에서 내려오고
지나간 백년 세월도 추억으로 다가오고
구름도 산새 소리도
박수치며 찾아오데.

※2020년 4월 5일 어머님 제일에 씀

침묵과 대화

산, 산은 나에게 아무 말도 하지 말라
산, 산은 나에게 느껴 보라 눈짓만 한다
억겁의 기나긴 세월
그렇게 살았노라고

별빛은 나에게 가슴 아린 추억이
몇 개나 있느냐고 빛으로만 말한다
무덥던 어느 여름밤
모정母情의 대화 몇 개

산천山川은 나에게 어이해 늙었냐고
물소리로 묻는다
새소리로 말한다
어릴 적 뛰놀던 동산
그 물소리 그 새소리로.

초혼招魂

이 종 수

　초가지붕에 한 사람 올라가 고인이 입던 헌 옷을 군기처럼 흔들며 초혼이오, 초혼이오, 초혼이오, 세 번을 큰소리로 외치고 있다. 먼 길 떠나는 망자의 혼을 불러들이려는 간절한 호소다. 떡심 좋던 춘길이가 죽었다. 3대 독자 아들은 3년 전에 세상 뜨고 마님은 연전에 밑도 끝도 없이 가출하고 하나뿐인 딸마저 10년 넘게 친정집 발걸음 끊었다

　춘길이는 혼자 외롭게 동네 머슴 뼈빠지게 살다가 종당에는 농약을 박카스처럼 들이키고 세상 떴다. 고달픈 그의 과거는 모두 종 쳤다. 사립 밖에 냉수 한 그릇과 밥 한 사발 소반에 올려 썰렁한 사잣밥으로 차려져 있다. 고인의 낡은 고무신 두 짝이 사잣밥 지키고 있다. 동네 똥개들도 한 마리 얼씬거리지 않는다

　제일 먼저 이장이 오고 뒤이어 마을 서기가 오고, 하나둘 집안 식구들 이웃들 모여든다. 우선 마루에 등 달아라, 마당에는 차일遮日을 치고 화톳불도 지펴라, 날씨가 몹시 춥구나, 이장께서 젊은 영여靈輿 계원들에게 이것저것 일머리를 일러준다

　아이고, 아이고, 아버지 불쌍한 우리 아버지, 방에서는 곡소리가 구슬프고 처량하다. 분례가 왔대요, 마당 한옆 옆에서 철질 하는 여인들 자기들끼리 수근거린다

　갈뫼 사는 분례 고모도 소식 전해 듣고 널어놓은 빨래 거듬거

듬 걷어치우고 대충 세수하고 화장도 못한 채 황망히 동구 밖 느티나무 길로 샛바람처럼 들이닥친다. 초상집 마당에 들어서면서 넋두리가 나오신다. 아이고, 아이고, 이게 워짠 일이여, 하나뿐인 우리 동기간이 간다 온다 말 한마디 없이 이렇게 갑자기 상수리 열매 떨어지듯 가다니 영문을 깜깜 모르것네, 엊그제 조천장에서 만났을 때만 혀도 멀쩡 헸는디 안색이 괜찮아 보였는디

막걸리도 사주고 오랜만에 남매지간에 웃음꽃도 활짝 피워보았는디, 이게 무슨 변고며 마른하늘에서 날벼락인가, 아이고, 아이고, 이 몹쓸 사람아 이 못난 사람아 이 늙은 과부 혼자 두고 무엇이 그리도 급해서 그렇게 황천길 서둘러 가고 말았는가, 아이고, 아이고, 우리 동상 불쌍하고 가련해라, 이 원통함을 워디다 하소연한단 말인고, 분례 고모는 치마폭으로 눈물 훔치며 푸념이 길어진다. 동네 여인들 철질하다 말고 일어난다

분례 고모는 그렇게 슬프던 사설 뚝 그치고, 이게 누구여, 얼마 만여, 그래 맞어, 명숙이 성님이지, 우리는 워째 이런 자리에서나 만나야 하우, 성님 본지가 내 열 손가락으로 한참 꼽아도 셀 수가 없는 아득한 세월이구려, 어쩌다 우리는 이렇게 몽당연필처럼 바싹 늙어 버렸을까, 그건 웬수 같은 세월 때문이 아닌감

방에서 곡을 하던 분례는 고모의 목소리를 듣고 신발도 신지 않고 부리나케 뜨락에서 마당으로 내리뛴다. 고모와 조카딸은 서로 부둥켜안고 한몸이 되어 자기들 설움에 복받쳐 닭똥 같은 눈물 뚝뚝 흘리며 목 놓아 울어 제낀다. 아이고 분례 니가 왔구

나, 도롱뇽이 급하면 제 꼬리 자르고 달아나듯 너 친정 발걸음 작심하고 끊었다더니, 니 애비 죽고 나서야 그나마 불효자식 면하려고 이제야 찾아오다니 이 못난 것아, 이 맹추야, 이 불효 막심한 것아, 이제 혈육이라고는 너와 나뿐이구나, 고모님, 고모님 제가 천하에 불역죄不逆罪를 지었습니다. 입이 열 개라도 할 말이 없으니 제발 용서해 주셔요

  애야 내가 너를 용서하고 말고 할 수 있는 처지가 아니다만, 니 애비가 너무도 불쌍혀서 내 속이 장작불처럼 타들어가는구나 (그렇게 고모와 조카딸의 넋두리는 초상집 마당에서 은하수처럼 흐르고 있다)

  문상객들 하나둘 몰려와 상주도 없는 고인 영전에 재배하고 차일 아래 멍석 자리에 구미구미 술상 받아놓고 순배하면서 두런두런 이야기를 나누는 패, 한옆에서는 고스톱도 나오기 전 나이롱뽕 화투짝 물레방아처럼 돌리는 패도 있었다. 면장님도 소식 듣고 문상 오신다. 고인과는 먼 인척간이란다.

ㅁ과 ㅇ 사이 외 1편

이 지 선

ㅁ과 ㅇ 사이는 내 핸드폰 좌판에서
한자리에 있는 가장 가까운 사이
ㅁ을 굴리고 굴리면 ㅇ으로 될까나
ㅁ과 ㅁ이 만나 ㅇ으로 이어가지 못함은
서로의 모서리를 닳아내는 아픔을 견디기 싫어서다

네가 나한테 올 때는 ㅇ으로 오기를 바라고
내가 너한테 갈 때는 ㅁ으로 간다
내가 너한테 갈 때는 ㅇ을 들고 가지만
네가 나한테 올 때는 ㅁ으로 온다

같은 좌판에서도 ㅇ과 ㅁ은 신호가 다르다는 걸
사용해본 사람만이 안다
사랑하는 사람과
사람을 사랑하는 사이에는
휘청거리는 긴 다리가 놓여 있다는 것도.

파업 당하다

노동법 위반이라는 경고를 받았다
법을 다 지키고 살기엔 시간이 기다리지 않는다고 변명한다
팔 다리가 휴가를 신청해 왔다
하루 이틀 받아본 투정도 아니다
조금만 견디어 달라고 다독인다
손가락이 과부하 상태라고 경고음을 낸다
무릎 허리 뼈 마디마디가 노조 설립을 선동한다
괘심하다 조금만 참아 주지
일상화된 조금만 더 가 그들을 화나게 했다고 항의해 왔다

부위마다 노조에 가입하더니 파업에 돌입했다
내 의지가 전달되지 않아 식물인간을 체험한다
노조 이름으로 경고장이 왔다
―당신이 쓰러지면 우리도 할 일이 없어집니다
　그러나, 우리가 파업하면 당신도 파업당합니다
식물로 숨 쉬고 지내다
노조 의견을 받아들여
노사 협의체 구성에 합의했다
그리고 나서야 동물로 돌아왔다.

파도 외 1편

이 지 언

거대한 기억들이 솟구쳐 밀려와
맥없이 무너진다
보란 듯이 힘차게 달려와선
뼈대 하나 남기지 않고
달아나 버린 물살, 물살들

무례한 곡선들이
아련히 남아 있던 시간들마저
송두리째 삼켜 버려
공간 속에 뿔뿔이 흩어져 버린
무명의 날들이여

차라리 돌아오지 않아도 좋다
그렇게 모른 척 살아도 좋다
또다시 세찬 바람에 밀려와
문을 두드리는 너처럼
나도 앞만 보며 달음질쳐 나가
잔잔하고 고요한 세상과 마주하고 싶다.

폐선

슬프게도 소리 내지 못하는 건반처럼
가혹한 형벌을 받는 듯
삼키지도, 뱉지도 못하는
입 다문 사물의 통증으로 가득 찬
체념 어린 눈빛으로 멍하니 허공을 바라볼 뿐

무례하게도 온몸을 뒤흔들고 지나간
누군가를 기억해낼 때마다
시퍼렇게 녹슬어 가는 멍든 몸을 웅크린 채
간간이 안부를 물어오던 햇살을 떠올리면
잊었던 미소 되돌아오고

한낮에 기쁨이 사그라져 빛을 잃어가도
천천히 그림자를 밀어 넣으며
밤의 정물화 속, 하나의 객체가 되어
꼬깃꼬깃 접어 깊숙한 주머니에 넣어 둔
화려한 색채를 가졌던 날들을 안주 삼아
밤새 바다에 취하고, 어둠에 취해
뚝뚝, 검은 눈물 흘린다.

고란皐蘭 외 1편

이 진 석

응달진 돌틈 사이
고란초皐蘭草[※] 몇몇 포기
숙연히 여민 옷깃
삼천三千[※]의 절개인 듯
모질고 긴 세월에
그 더욱 푸르고나!

사비성泗沘城 외진 곳에
빼어난 곧은 정절貞節
사시四時에 푸른 모습
볼수록 정情이 솟네
'강'[※]물도 이 곁에선
쪽빛으로 흐른다.

※고란초: 고란초과의 다년생 상록양치식물. 그늘진 바위틈이나 낭떠러지에서
 자람
※삼천: 삼천궁녀
※강: 백마강

석류石榴

한 알 두 알
가슴에 품은
영롱한 구슬 무리
뉘에게 쏟을
비밀 얘길
알알이 감추었나?

정다이 열린
그 입술에
귀를 대고파.

눈물 외 1편

이 진 순

눈물은
불꽃이 오르기 전
나를 위로하는 숨결이다
심장 속에 남아 있는 이야기를 따라나선
순결한 고백이다
남아도는 찌꺼기가 아닌 것이
넘치는 걱정도 아닌 것이
내 마지막을 지키는 호흡이고
기도이다
눈물은 험준한 산맥을 뚫어내는
가장 밀도 높은 삶의 중량이다

어제를 씻어 오늘을 드러내면서
몸피에서 허물이 벗겨 나가고
맑은 액체는 꽃등 밝히는 원소로 남는 것
끝까지 삶을 유지시키는 진액인 것.

유월의 아름다운 날처럼

유월의 숲으로 가자

싱그러움과 반짝임의 생동과
거기 있는 생명들의 합창 소리
푸름이 묻어나고
달콤한 향내 가득한 환희의 숲으로 가자

눈부신 햇살에 빚어진 순결한 넋을 한아름 안아 보자
한껏 부풀어진 심장 한가운데로 초여름을 들여놓고
찰랑이는 기쁨을 맞이하자

풀어내지 못하는 인연의 속박을 놓아 버리고
떠돌이 바람 후둑거리는 숲으로 가자

혼탁한 세상의 찌꺼기 떨치며
푸름에 맘껏 취해 흥얼거리는 노래
한가락쯤 흘려도 좋으리
찔레향 달콤한
동화 속 한 계절 불러내어 풍덩 빠져도 좋을 테니
노래하자
다시 오지 못할 수도 있는
유월의 아름다운 날처럼.

자유 청바지 외 1편

이 처 기

저렇게 물 빠져도 더 강한 푸르름이
제 멋을 뿜어내는 동대문 시장에 가면
넘어온 자유 물결이 거리를 평정한다

초원을 달리던 카우보이 저 눈빛
빛바랜 가슴에도 새 빛을 발하며
일용직 바지 사이로
찬바람 막아 주는

역사의 얼룩을 너머 오히려 젊어지는
불사의 마력魔力을 뿜어 내는 보무步武들
물 빠진
터진 실밥따라
땅 끝을 훑고 간다.

귀밑머리

병걸 때 스미는 꽃향이 아니다
등대 아래 앉았던 갯바위가 식는 달밤
튕기는 물방울 함께
흩날리며 나부끼던.

휴식 외 1편

이 한 식

할 일이 없으면
먹고 살 수야 없겠지만

죽도록 일만 한다고 해서
잘사는 것도 아니다

쉴 때는 편안하게 푹 쉬자
쉼 또한 중요한 보약이요 삶 아닌가

너무 지쳐 건강을 해치면 아무 소용 없다
그땐 이미 인생 모두를 잃는 것이다

내 건강은 내 스스로 지키는 것
건강할 때 내 건강을 지키자

이 세상에 그 어떤 누구도
내 건강을 지켜 줄 사람은 없다

아무리 바쁘다 바쁘다 한들
내 건강처럼 급한 일이 또 있을까.

품행

번뜩이는 영감과 예리한 통찰력으로
남의 마음을 내 마음같이 여기는 것이 덕이다

관용은 미덕이요 수양이라
덕이 있으면 반드시 벗이 따른다

가난해도 아첨하지 않고
부유해도 교만해서는 안 되며

부족해도 즐기는 법을 알고
넉넉해도 예의를 안다면 금상첨화라

아무리 부자라도 부끄러움을 모르고 산다면
그 어찌 사람이라 이르겠는가

술 자리가 길다 보면 난잡해지게 마련이요
즐거움도 지나치면 슬픔으로 변하는 법

인간 만사 모두가 이와 같으니
얼굴값 하고 살기가 두렵지 않은가

말은 그 사람 마음의 소리요
품행은 그 사람의 인격과 같다.

흐뭇한 날 외 1편

임 양 수

공중목욕탕에서 청년 하나가
장년의 등을 밀어주며 소근댄다

"아버님, 이따 갈비탕 좋죠?"
"어엉, 그려 좋지 허허"

도란도란 나누는 대화가 다정스럽다
외로이 닦고 있는 내 모습이
안됐던지 장년이 내게로 다가오더니

"어르신 등 좀 줘 보시죠" 한다
"젊은이가 사위인가 봐요"
"네, 자상한 편이지요"

야윈 내 등을 쑤왁 쑤왁 밀어댔다
두 사람간의 살가운 정경도 좋았지만

내 등을 밀어주는 당신은,
더 좋았습니다.

이젠 그만 가시옵소서

마스크에 함봉된 세상
그리움조차 허공에 맴돈다

믿음도, 반가움도,
코로나19 앞에서는 시치미를 떼고
흘긋흘긋 두려움까지 감도니
불신 시대에 살고 있다

울긋불긋 단풍 시즌에
코로나19에 매달려 살아야 하니

우리 모두가
그들에게 무슨 죄를 지었는가!

이제는 알았으니
노여움 접고 그만 가시옵소서.

무릉도원 가까인가 외 1편

임 제 훈

해와 달 별이 이쁘게 보이고
쪽구슬 별이 특히
운동 선수들 운동하는 모습만큼이나 좋아
그 별들이 꾸며 놓은 꽃동산
그 고운 꽃들이 옥구슬로 보이고
그곳을 노니는 신선들의 활짝 핀 미소
연꽃 하늘 복숭아꽃 사일 날으는
새들의 춤사위 비추는 햇살의 맑은 웃음
밝은 노래로 흐르는 계곡물

이승 티브이가 뿌리는
가수 개그맨들의 놀이가
배꼽을 틀어쥐게 했었는데
하늘 세계의 멋들이 더 그리운 걸 보면
나이가 무릉도원 가까이 가고 있음
깨닫게 하고 있나 보다.

가로수들

매미가 아침부터 노래하면
큼직한 10차선 도로에선
승용차들 여러 종이 뒤섞여
엉엉 울어 댄다

노래하면 서로 좋을 텐데 왜 울지
기사님이 콧노래라도 흥얼거리고 가면
노랠 하지만 상을 찡기는데 어찌

넓은 신작로에선 웃고 웃는데
나무들이 손잡고
가로수로 조심조심 지키는데
백일홍 지휘에 튤립들이
인도 안쪽 뒷마당 점포 가로수로
팔 흔들며 빙글빙글 춤추는데
작은 도로 가로수 회나무들은
8월 한더위 위아래 다 나는 홍수 지키느라
하얀 꽃잎 흩뿌리며
마스크 벗어도 안 되느냐 물어 댄다.

초승달 외 1편

임 향

누가
밤하늘에
저리도 정교한 법구法句*를 걸어 놓았나

욕망의 늪
이 마음
예리한 달날에 삭둑 잘라 허공에 흩뿌리고

무심으로 달배에 올라
삼세를 유람하는 바람이 되리.

※법구: 부처님의 지혜로운 말귀

채움과 비움

욕심은 채워도 채워도
가득함 없는 고통의 늪

허기질 때
밥 한 술이 꿀맛이듯

마음은 비울수록
평화롭구나.

갈대의 축제 외 1편

장 동 석

강바람 산들바람 따라
가을은 깊어 가고
넓은 늪에 뿌리내리고 서 있는
한강변 갈대의 춤사위가 활기가 넘친다

하늘공원에서 펼치는 축제 한마당
하얀 빈 너울 자락들
바람결에 한들한들 몸뚱이를 흔들어 대고
가녀린 자태를 뽐내듯
개인 무도회를 갖고 있구나

저 푸른 하늘 아래
꽃구름 두둥실 떠다니고
한강변 물줄기 따라 하염없이 흘러가는
갈대의 쭉 뻗은 몸짱들은
강하디강한 의지를 노래하고 있다

해 질 녘 흥에 겨워
누웠다 일어섰다 풍류의 가락에 맞춰
춤추고 노래하는
갈대의 향연이 고조되어 갈 때
행락객의 마음을 다 빼앗아 가고 있구나.

허수아비

한적한 농촌 들녘에서
낮엔 햇살을 껴안고
밤에는 달그림자를 밟고선 채
자기에게 주어진 임무를 다하고 있다

찬바람 불어오면
오장육부가 시리고 아프게 저려 와도
한 아름 고독을 참고 견디며
지은 죄 없이 두 팔 벌리고 서서
평생 허술한 옷 한 벌로 살아가고 있구나
늦은 가을날에
풍성하고 빼곡한 오곡백과를 키우고
왠지 가슴이 외로워질 때도
촉촉이 내리는 빗물로
허허로운 가슴 쓸어내리는 날도 있었지
암흑처럼 긴 세월들
저물어 가는 가을 햇살 속에
가슴 졸인 마음으로 너무 잘 키웠다고
황금빛 오곡들이
따스한 손길을 흔들어 주고 있구나

한가한 시골 들판에서
낮과 밤 구별 없이
곧 맞게 될 융성한 풍년을 위해
자기에게 맡겨진 한 생애를 살다가 간다.

잡초의 변 외 1편

장 문 영

밭고랑에 머물다
몹쓸 욕, 머리채 뽑혀
내동댕이쳐져도
발만 붙이면
살아남는 질긴 명줄이란다
호미 낫을 겁나 피했더니
제초기로 목을 베고
제초제로 씨도 없이 말리려 하지만
워낙 번성하는 핏줄이라
어머니 같은 흙, 젖줄인 비가 있고
편애하지 않는 햇살의 공평한
따사로운 손길 있으면
금방 번창할 수 있다고
나무 그늘에 살아도 풀벌레 찾아와
친구가 되어 주니
외롭지 않고
푸른 꿈 키울 수 있는
강인한 의지가 있으니 두려울 게 없단다.

소금의 눈

우아하게 푸른 배추들
하얀 줄기에 힘줄이 보인다
하얗게 반짝이는
소금의 날카로운 눈매
물과 가을 바람도 합세해
배추의 기질을 꺾으러 씨름한다
퍼덕이는 배추의 자존심이
몸을 뒤척이며 버티다
주체 못할 센 힘에 눌려
서서히 부드럽게 몸을 낮춰
홀랑홀랑한 배추로 변하고
큰 다라이(대야) 속엔 서로의
자존심만 흥건히 녹아 있다.

걷고 또 걷자 외 1편

장 병 민

한 걸음 한 걸음 걸어서
여든셋 고갯마루에
활기차게 도착하니
백두 마루가 눈앞이네

구름 몰고 온 바람이
잠시 쉬었다 가라는데
쉬면 못 일어날 것 같아
서서 바람 먼저 가라 하고

두 다리에 힘 있을 때
서로 소중하게 사랑하며
미련 없이 후회 없이
쉼 없이 힘차게 걸어 보세

얼마 남지 않은 여행길
아프지 말고 건강하게
그래!
이 세상 떠날 때까지
걷고 또 걸어 보자꾸나.

늘그막에 서서

한결같은 마음
항상 사랑하고 고맙고 감사하고
늘 걱정 없는 행복한 삶 되게 하소서

사랑하는 사람
절망치 말고 순박하고 소탈하게
늘 건강하고 즐거운 삶 되게 하소서

의리의 돌쇠들
공정하고 반칙 없는 우리들 세상
늘 정의롭고 활기찬 삶 되게 하소서

소중한 모든 분
가는 길 굽이굽이 환히 밝힌 햇살
늘 후회 없는 편안한 삶 되게 하소서

우리 사는 세상
소중한 인연 가슴 깊이 간직하고
늘 오손도손 기쁜 삶이 되게 하소서.

영광 굴비 외 1편

장영규

못 벗은 미망으로 칠산바다 누비다가
살구꽃 피는 봄날 그물에 걸려들어
고향이 어딘지 모르고
가는 곳도 모르고

포근한 건조 조건 해풍의 서해 바람
몸을 맡긴 굴비가 마당에 가득하면
볏단이 쌓인 것처럼
배가 절로 부른다

황금색 엷은 회색 선홍빛 지느러미
잘 구운 조기 한 상 밥상 위 올라 있어
구미가 절로 당기니
젓가락질 바쁘다.

천년의 고찰 불갑사

노령산맥 정기 어린 불갑산 수려한 터
대웅전 목조 삼신 불좌상 보물 지정
최초의 불법도량으로
불갑사라 명명하고

대웅전 팔각지붕 장식되어 이채롭고
연화문 보상화문 국화문 자랑하며
불교의 최초 요람지로
거듭나는 옥당골

야외에는 부도탑비 참식나무 둘러 있고
전국의 최대 규모 상사화 군락지로
고장을 대변하는 축제
향기롭게 들리네.

계절 외 1편

장 | 인 | 숙

사람들은 늙으면
노화와 여러 질병으로
육신과 정신이 무너지는데
순환법칙을 지키는 계절은
나이가 들어도
정신 하나 흐트러지지 않고
그대로 총명하여

봄이면
어김없이 꽃을 피우게 하고
여름이면
무성히 잎을 번져 열매를 달리게 하며
가을이면
열매를 익혀 종족 보존을 격려하고
겨울이면
그동안 성장 위해 에너지 소모로 인한
노고를 잠으로 쉬게 하는 여유를 줍니다

우리도
계절이 지키는 원칙처럼
인간이 갖춰야 할 원칙과 도리를 지키며
사람답게 살아갈 수 있는
평화로움이면 좋겠습니다.

희망을 바라보며

중복이 지난 새벽
첫 매미 울음을 들었네
이제 이 여름도 어느새
반은 지나가고 있나 보네

코로나19 우한 폐렴 바이러스와의 전쟁으로
세상이 흉흉하고 답답해도
계절은 순조롭게 가고 또 오는구나

모든 것은 강물처럼 흘러간다고 했느니
한치 앞을 내다 볼 수 없는
이 난세의 어려움도 결코
머물지 못하고 반드시
흘러가고야 마는 이치일진대
미리 절망하면 아니 되겠지.

달·달 얼굴 외 1편

장 현 기

어두운 밤하늘에 떠오르는 밝은 달
그 해맑고 고운 달 그 얼굴의 어디에
어두웁고 외로운 그림자가 있단말가?

해맑은 그 달빛이 비춰이는
꽃보다 꽃그림자 아름다워
내 마음 살그머니 어질이네

꽃보다 꽃그림자가 더 아름답고 고운데
높다랗게 하늘 높이 떠오른 해맑게 고운 그 달이
강물 속 깊숙이 빠져들어 외로움게 떨고 있단말가!

달·달 그림자

물속에 떠 있는
하아얀 달
외로운 그 달이

내 가슴속 마음으로
스멀스멀 기어들어 와
살가웁게 내 마음 흔들어

외로웁고 외로워 서러운 내 마음을 보듬어 주고
그리웁고 그리워 보고픈 내 옛 친구 데려다주고
가고 싶은 내 고향 흰 구름 내 거룻배 태워 보내고

달을 보고 하아얀 밝은 달 그림자 기도를 하면
맑은 물속 떠 있는 맑은 달 그 외로움 날 위로하고
내 가슴속 내 마음 하얗게 하늘 높이 날려보내리.

땅이 살아야 합니다 외 1편

전 관 표

세상에 버려진 땅은 없어요
아주 먼 옛날부터
우리는 맨발로 대지를 지나갔었고
돌과 꼬챙이와 쇠스랑을 오랫동안
긁어대고 파헤쳐도 함께 하다가
화살이 빗발처럼 꽂히고
붉은 피가 스며들다가
기름으로 까맣게 젖기도 했지만
비가 내려 그림을 뭉개기도 하고
태양 아래 흙 타는 냄새 가득하여도
폭설은 하얀 귀를 대어 생사를 확인합니다

이제 오랜 고요가 필요합니다
그냥 그 자리에 두면 됩니다

때가 되면 황토의 심장이 콩닥이고
수없이 많은 무명씨들이 날아오며
온갖 벌레들이 분주하게 다닐 것입니다
가려움으로 씨앗은 온몸을 긁어대면
대지의 깊은 내면으로부터 불그레해져
뜨거운 혈액이 돌기 시작할 겁니다
땅이 살아야 합니다
바람의 설렘이 다가와 어미처럼 안으면
대지는 작은 초록 폭죽들을 터뜨릴 테니.

네오와이즈 혜성, 지구를 떠나다

몇 달째 감기 몸살로 시대時代는 아프다
나아질 기미가 보이지 않아
이러다 끝나는 것이 아닌가 두렵다
늦은 후회, 번영의 바벨탑 높이와
빈곤의 싱크홀 깊이는 의미 없다
고열에다 피 토할 기침 증상은 비슷하다

윗동네 옆 동네 바다 건너 녀석들 모두
땅 뺏기 놀이로 도통 집에 가질 않는다
그저 개미들이 봉변을 당하기도 하고
파리들은 영악하게 땀을 빨아 먹으러 윙윙대고
스텔스 모기들은 사타구니에 몰래 앉아
피 냄새에 주둥이는 침을 흘리고 있다

코마에 빛나는 초록불을 반짝이며
네오와이즈 혜성이 지구 하늘을 떠났다
빗살무늬 토기에 가득 담긴 물에
비쳐진 지 6,800년이 지난 후였다
다시 6,800년 후 돌아올 때
네오와이즈를 바라볼 저 생명체는 무엇인가
우주의 보이지 않는 먼지들이여
달빛 한 줌 흔들리지 못할 바람들이여
털끝만큼의 시간도 갖지 못할 세포들이여
이제 모두 집으로 돌아가 하늘을 보며
겸손하게 눈을 감아 보기를.

아버지의 흔적 외 1편

전 병 철

그저 나보다는
남을 위해 사셨던 당신
과연 남은 건 뭔가요
앨범 속의 사진 몇 장

칠순 때 멋지고 부러워할
잔칫상 차려드리지도 못하고
뷔페에서 정성은 다했다지만
부끄럽군요

축시 한 편 써서
낭송해 드리고
모 방송 가요무대를 통해
축시를 다시 보내서 나눴네요

그런 당신의 생은
남을 위한 삶이었고
오토바이 사고로 마감했으나
자랑스럽게 안고 있어요

훗날 난 당신을 닮을 수 있을지 의문이군요.

강경포구

삼천리 방방곡곡 떠돌던
꾸부정한 한 노인네가
흥에 취했나 맛에 반했나
온 동네가 비린내구나

정착한 곳이 아니더라도
꽃이 피고 배가 울고
파도가 요동치고 새가 놀라도
여긴 그대로 뱃고동만 터진다

곰삭아서 싫다든가
비릿해서 코를 막더냐
구름이 내려오다 바람에 떠밀려
회오리 감겨 오르더냐

숟가락 젓가락에
차츰 펼쳐지는 맛
나는 멸치 너는 새우 또 넌 까나리
낙지 오징어 밴댕이 갈치 황새기

허허 제 맛에 풍덩 빠졌구나 누가 이겼나.

아랫목의 여운 외 1편

전 순 선

바람의 멱살을 끄는 동한기에

겨울의 아랫목은
추위에 곱은 손과 발을 녹여 주고
시린 가슴을 품어 주고

특히 이불 속에
꽁꽁 묻어둔 밥식기를 보온해 주는
구들장 아랫목에는
항상 엄마의 따뜻한 손길이 번지고 있었다

낯선 겨울로 갈수록

그 아랫목의 여운 한 자락
슬며시 들추어 뼛속까지 시린 맘 들고 싶다.

궁남지※

연못 속의 비밀을 누설이라도 하려는 걸까
포룡정抱龍亭 문패를 높이 걸고
용을 안고 곰살궂게 손짓하는

갈색 아치형의 나무다리를 걷노라니
귀 밝은 빗소리도 자박자박 따라오고 있다

궁남지에 내리는 시월의 빗줄기들
수면에 차르르 차르르 무수한 별들을 찍어댄다

마치 서동과 선화공주의
사랑 이야기를 연못에 필사하는 것처럼

아름다운 전설들이
자꾸 시간 밖으로 흘러내리는
백제의 아득한 실끈을 부여잡고
무형의 물빛 따라 시인詩人도 발자취를 남겨 본다.

※궁남지: 왕궁 남쪽의 연못(부여 10경 중 3경)

옥수수 외 1편

전 윤 동

방망이는 손에 들지 않았어도
머리에 뿔이 솟은 도깨비예요
머리 노란 아기 등에 업고
머리 빨간 아기 가슴에 안고
땀을 흘리며 길을 가지요
바쁘게 어디 가냐 물으니
재 너머 친정집에 간대요

감투는 머리에 쓰지 않았어도
머리에 뿔이 솟은 도깨비예요
오른손에 방망이 하나 들고
춤을 추면서 길을 가지요
즐겁게 어디 가냐 물으니
강 건너 친구 집에 간대요

도깨비야, 도깨비야
키가 장대 같은 뿔 도깨비야
그냥 그렇게 지나가지 말고
내 소원 좀 들어주고 가렴
금 나와라 뚝딱, 금빛 옥수수
은 나와라 뚝딱, 은빛 옥수수.

민들레 꽃씨

바람 불기를 기다려요
접힌 나래를 활짝 펴려고요

실바람은 약해요
산들바람은 괜찮지만
아이들 입김이 더 좋아요

우리 형제들은 흩어져
즐겁게 하늘을 날아다니다
하나씩 사뿐히 내려올 거예요

날 받아 주는 곳이면
아무 데든 갈래요
당신 마음속이면 더 행복해요.

일기장을 넘기며 외 1편

전 현 하

겹겹의 능선처럼 굴곡으로 살아온 길
얼마나 많은 사연 가슴 안에 묻었나
세월이 지나간 지금
옹이로 박혀 온다.

만남과 이별 속에 웃고 울며 보낸 세월
낙엽처럼 쌓이고 흩어져 간 그 자리엔
고단한 삶의 흔적이
가슴 안에 별로 돋다.

참회의 뜨락엔 산그늘이 내려앉고
삐걱이는 살과 뼈로 의지하며 살고 있다
앞으로 남은 여백은
무엇으로 채워질까.

어느 능선稜線에서

가슴 비운 육신으로 능선에 서고 보면

능선은 뻗어나가 어깨동무 하고 있다

우리도 어깨동무 하면 아름다운 삶인 것을….

때 절은 지난 일월 욕망으로 가득했다

이제는 바람 앞에 추억으로 흩뿌리고

세월에 변하지 않는 저 산을 닮자 한다.

농주 한잔이 시가 되어 외 1편

정 동 수

여름이 오네요 저만큼
감꽃이 뚝뚝 애처로이 뒹굴고
백합 향기 온 뜰 가득 채우고

봄이 머물다 간
뒷동산 청림靑林에선
여름을 초대한 철새들의 교향곡

보리 베기 콩가리에
구슬땀 흘리시는
순박한 산촌 농부님네

끈끈하게
주거니 받거니
새참으로 드시는 막걸리 한잔 한잔이
땀을 식히고 자식 자랑 농사 자랑
구수한 이야기가
시詩가 되고 노래 되어
긴 여름날의 노을 속으로 멀어져 간다.

월출산 옹달샘과 춘란

인적 뜸한
호젓한 산길
짝을 부른 산새 한 마리
정적을 흔들고…

월출산 상상봉
기암괴석 아래
푸른 융단같이 고운
이끼 덮인 옹달샘 하나
백두산 천지를 축소한 것일까
수정보다 더 맑구나

그 가엔
춘색에 낯 붉히는
여린 춘란 한 점
다소곳이 애원하는 소리

만지면 안 됩니다
눈으로만 즐기세요
사람은 자연 보호
자연은 사람 보호.

날개를 팔딱거리며 날아가자 외 1편

정 득 복

무얼 그리 높이 오르려고
두 날개를 활짝 펴고
날갯짓을 팔락거리며
하늘을 향해 날아가느냐

제대로 하늘을 날려고
생각한다면 두 날개를
팔딱거리며 날아야 하지
무엇 그리 바삐 허둥대느냐

어느새 하늘은 내 앞에 다가오고
바람은 선선하게 불어오는데
눈앞에 펼쳐진 봄꽃은 언제 활짝 피려고
혼자 수줍게 웃음 짓느냐

아! 나도 화창한 봄날을 맞이하여
나의 꿈이 주렁주렁 매달린 자유를 찾아
이 계곡 저 계곡 산골짜기를 오르내리며
어릴 적 꿈을 찾아서 다녀야 하느냐

누군가 나의 삶이 어땠느냐 묻는다면
세상일은 끝 간 데 없이 펼쳐져 있어
날개를 팔딱거리며 날아가야 한다고
일러주어야 하지. 깨우쳐 주어야 하지.

이 가을에 사랑을 했으면 좋겠다

높고 푸르며 밝은 가을 햇살에
땀 흘려 일군 오곡백과의 결실을
환희의 기쁨으로 거두어들이어
풍년을 기리는 격양가를 울린다

이 가을에 밝은 세상을 만나면 좋겠다
이 가을에 좋은 사람을 만나면 좋겠다
이 가을에 따뜻한 사람을 만나면 좋겠다
이 가을에 사랑하는 연인을 만나면 좋겠다

이 가을에 넉넉한 세상을 만나면 좋겠다
이 가을에 시간을 즐기는 사람을 만나면 좋겠다
이 가을에 서로를 감싸는 사람을 만나면 좋겠다
이 가을에 서로를 용서하는 사람을 만나면 좋겠다

이 계곡 저 계곡에서 바람 불고 물 흐르고
꽃 피고 새 울며 숲속에서 연리지連理枝의
굳센 사랑의 의지를 쳐다보고 하늘을 떠도는
청운의 기상을 활짝 펼치며 높이 날아다닌다

세상에 깔린 만난의 험한 일을 극복하고
서로를 따뜻하게 보듬어 안고 걸어가면서
자신이 하여야 할 일을 마음껏 펼치며
이 가을에 사랑을 했으면 좋겠다.

언제나 외 1편

정│상│원│

  곱은 손 달래면 새싹이 돋아난다 자란다는 건 밤을 부르는 일, 시간은 달을 부르고 허기진 뱃속만큼 쓰린 궁금은 쓰이지 않아 머리를 움킨다 풀어지는 일, 그것은 감김의 목을 축이는 갈구의 몸짓이다 끌어도 부족한 덧붙임의 연속인데, 이어진 줄이 놓여 있지 못하는 봉착의 디딤이 온전치 않다 바로 서지 않으면 보지 못하는 좌우의 편향이 굽었다 굽은 건 펴짐의 일상인데 쉬이 돌린다는 설득의 마술이 만만치 않다 시간이 끝인 것처럼 끝은 거름이 되었다 밤의 정적을 덮을 수 없는 숨겨진 거미의 발끝을 본다 줄에 걸린 주파수를 맞추며 기다림에 목마른 그림자가 어른거린다 순간을 잡으며 불태운 흩어짐은 안일인데 곤두선 발끝에 닿지 못한 거리는 가까워서 멀다 뿜어낸 줄에 힘을 다하는 식지 않은 불꽃에 떨림은 끝을 모른다 잡았던 낱말의 더딤에 돌을 놓는 징검다리의 물은 얕으면서 짙다 헤아릴 수 없는 깊이의 울음은 속에서 운다 두드림의 끝은

가거든

　혼돈의 부름을 잠재울 수 없었다 흘러감의 불안함 떠남의 만남 만남의 헤어짐 흩어짐의 연소는 기억에 묻히고 빌려 쓴 쓴 잔의 들이킴에 쓸쓸함이 묻어 있다 지문을 남긴다는 것 옷깃을 쓰다듬는 아련한 빛의 가물거림이 지워짐에 말을 탄다 속절없이 달리는 헐떡임에 손을 놓으며 기억의 종이에 빛이 바랜다 남겨야 한다는 음성은 들리지 않고 뿌리의 잔재는 줄기를 타고 오른다 흘러야 남아든 유서는 흙 속에 남아 거름이 되고 마주친 두 눈은 저 멀리 꽃으로 남았다

홍시·3 외 1편

정 성 완

꽃잎에 실려 온 가을
새들의 북치는 소리
치고받다 깨어지는 천둥 소리
가마괴 입술에 빨갛게 취해
흔들바람 끼고
가는 길에 잠들다.

영송詠松
―정이품송을 노래하다

　보은 땅 속리산 법주사 들어가는 길목에
　멋스럽게 도리우찌를 쓴 키가 훤칠한 으뜸수리 한 분 서 있다
　햇볕이 뜨거울 때는 삿갓을 쓰고
　눈비 오는 날에는 우산으로 갈아 썼지
　나이가 들어서는 중절모로 쓰시더니 세월 탓인가
　근년에 와서는 도리우찌로 바꾸었는데 갈수록 품위가 도두 보인다

　옛적에 세조 임금이 '연輦걸린다' 하니 팔을 번쩍 들어주었고
　돌아올 때는 우산 되어 비를 막아 주니 과연 영송靈松이로다
　병풍송 연괘송 연송에서 정이품으로 높은 벼슬 받아
　얼굴에 상처 날까 주렴珠簾까지 두르고
　보은의 터줏대감 되어 고을을 빛내며
　법주사의 안녕과 속리산의 위용을 하 세월 지키고 계시다

　천연기념물 103호로 새 수리 되었는데 독수공방 웬 말인가
　고을민들 보기 안타까워 전국의 425 처녀를 골라
　그중 가장 미려한 삼척의 아씨로 정부인의 연*을 맺어 드리니
　훌륭한 자녀를 보시어 무럭무럭 잘 자라고 있다

　각질마다에 새겨진 700여 년의 유사遺事
　그것은 대한민국 사기史記다.

※정이품송의 장자목 탄생(가루받이 2001. 4~5, 수정 2002. 5, 종자 채취 2002. 10, 파종 2003. 3, 올림픽공원 88마당 식재 2009. 4. 3)

계절이 바뀔 적마다 외 1편

정 성 채

숨을 멈춘 듯 나목으로 서 있는 나무들
봄이 되니 기지개를 치며
줄기에서 뾰족이 새싹을 돋으며 숨을 쉰다

영원히 돌아오지 못할 것 같은 생명이
다시 숨을 쉬며 생명의 가쁜 숨을 뿜어낸다
계절이 이렇게 바뀔 적마다 돌아오지 못할 그 얼굴
왜 말이 없는가?

그리움에 피멍이 든 가슴은 저미는 듯 아프다
아름다운 꽃들은 봄이 올 적마다
다시 살아나 꽃망울을 쏙 내밀고
환하게 웃으며 하늘을 향해
힘찬 생명의 소리가 요동친다

보고 싶은 그 얼굴은 왜 침묵 속에 있는가?
뻐꾸기 애절한 그 소리에서
그리운 사람의 음성을 듣고 싶어라

여름의 매미 소리에 그 노랫소리 듣고 있는데
그 얼굴 그 손길은 어디에 있는가?
이승과 저승은 한 발자국 차이인데

계절이 바뀔 적마다 녹아내리는 그리움

나는 멍하니 허허벌판에 서서 울고 있다
봄이 되면 새 생명이 돋듯이 그리운 임이여
꽃봉오리 얼굴 위로 살짝 미소 지으며 다가오소서!
계절이 바뀔 적마다.

가을이 오면

가을이 오면 나는 가슴이 또 설렌다
해마다 맞이하는 가을이지만
금년 가을은 내 가슴을 더 아리게 한다

저렇게 투명한 하늘빛은 무슨 의미인가
곳곳에 떠 있는 하얀 구름은 무슨 바람인가

높고 낮은 산야에
붉게 물든 단풍들의 예쁜 모습은
우리네 사람들의 마음을 들뜨게 한다

어쩌면 그 푸르렀던 잎들이
저렇게 붉고 노랗게 변신할 수 있는 것일까?
신비한 가을은 꿈의 요람인가?

나사 외 1편

정 순 영

세월이 갈수록
삶의 바깥쪽에 홈을 판 그리움의 수나사가
추억의 암나사 골을 따라
흘레를 한다
깊은 골을 빙글빙글 서서히 내려가다가
언뜻언뜻 반짝이는 먼 추억을 만나
눈물을 주르륵 흘리기도 한다
어느 날부터는
골 깊은 암나사를 빠져나와
망각의 손톱으로 나사산을 움푹움푹 지운다.

맛

인생은
씹을수록 맛있다
기쁨도 슬픔도 꼭꼭 씹을수록 맛있다

추억은 언제나 잘 익은 김치처럼 혀끝을 감돈다.

시와 나 외 1편

정 영 의

나의 나래를 펼치는
아지랑이 너울 속에
만물의 형태를 음미하며
살아가고 있음을 나타내고
소재들이 요동치는 생동력
대화 속에서 터지는 탄생음
시와 나

심장의 고통과 환희를 경청하며
생사를 넘나듦을 보고 어떤 곳은
칼이 되어 도려내고 해치고
햇살은 만물을 소생하고 잠재우고
지평선 너머 돛단배는 다가오고 사라지고

나의 여정을 나타내는 풍요로운 소재들
시여! 나를 깨우라
나의 육감과 두뇌와 혀가
침과 펜이 되어 세상의 여정 속에
온 세상 비추는 빛이 되리라.

산행
— 단풍

저벅~ 저벅~
발에 닿아 나는 소리
한 걸음~ 한 걸음~
잎새 헤치면 들려오는 향음
코끝을 스치는 향기로움
온몸에 퍼진다
짓눌린 심신이 소생하고
새로워지는 육신의 손

후유
심호흡이 저절로 난다
감미롭고 기쁘고 즐겁구나
눈에 들어오는 사면을 바라보니
불이 났네 단풍잎에
단풍의 시새로움의 향연

온 누리 꽃 비단을 두르고
아아~ 자연의 신비로움
단풍잎 색색이 날며
향기를 내뿜으니
육신이 기지개를 펴고
새로워진다.

봄·3 외 1편

정 윤 숙

아침에 눈 뜨면
네가 보고 싶어서
창밖을 응시하다
기지개를 켜며
두 손을 내밀며
부풀어 오르는
너의 마음

설레이는 바람으로
조심조심 가까워지는
너의 환한 눈빛
바라보다가

붉은 옷도 푸른 옷도
갈아입지 못한 길목에서
가끔은 회오리
바람이다가

끝내 비단 보석으로
아픔을 감싸고
추락하는 우리의 사랑.

장맛비

날마다 창밖을 바라봅니다
당신은 무슨 일로 그리도 쉬지 않고
날줄로만 베를 짜고 계십니까?
씨줄로 매어 있는 대지는
아픔의 연속입니다

당신으로 인해
무너지고 할퀴고
떠내려가 흔적도 없고
민초들의 울부짖음과
아우성을 어찌합니까?
당신도 때로는
마음 상한 일이
있었겠지요?

오늘도 새들이
젖은 날개 파닥이며
울고 갈 때
그래도 당신의 굳은
약속을 믿어 봅니다
울어도
언제까지나 울지 않으리라는
굳은 약속을 믿어 봅니다.

거무구안居無求安 외 1편

정 정 순

동트는 새벽이면
부지런히 몸단장하시고
안팎살림 챙기시던
민첩하신 할머니

게을리해서는 안 된다
편안함만을
구하지 말라고 하신
공자님 말씀 실천하시며

떠나면 재가 될 몸이다
일 찾아 일을 즐기시던
그리운 할머니

웃어른과 오래 함께 생활하니
눈에 익힌 모습
산교육 되었는지
할머님 그 길 따라가네.

사랑의 전주곡

하루에 한 번쯤은
꽃단장 하고
남을 위해 기도하고 싶다

한 달에 한 번쯤은
소중한 이에게 선물도 하고
어려운 이웃에게
양식이 될 수 있는
그 무엇이 되고 싶다

한해에 한 번쯤은
눈부시도록
아름답게 피어나는
꽃이 되어 당신에게 사랑받고 싶다.

향수 외 1편

정 주 이

소슬한 가지 끝에
외길 하나
덩그마니 걸쳐 놓고

유성의 긴 빛
어느 굽이에 이르러
조락의 눈물 비우련지

깊은 사념의
저 끝자락
사락사락

바람 속으로
흘러 흘러
피안에 이르더니

먼 훗날
동그마한 장막
아리게 걷어내고

달빛 사위어 간
무언의 빈자리에
백련화 피워 내려나

석장의 꽃잎은
여즉이
잔물결 되어 출렁이는데

들물처럼
해조음 위로 사무친 잔별들
파도의 이랑에 앉아

해맑은 추억 풀어 놓고
지새우는 마음 알까

어쩌다 펼쳐 보는
연민의 손짓
포구에 밀려오면

지금쯤 저편
칠월의 태양이
물 위에 빛나고

흥건히 젖은 가슴같이
얇게 흐른 그리움같이
기다림이 시리게 서 있다.

님의 노래

구겨진 불씨 한 톨 호호 불어
눈물꽃 피울 때
밤새 내려 쌓이던 노란 은행잎만
뒹굴고 있다

썰물처럼 아린 슬픔도
가슴에 꽂힌 향기로운 입맞춤도
흩뿌리는 가랑비에 젖는다

바람 부는 날이면
풀잎을 햇살에 비벼 날빛을 가리고
짙어지는 길모금에서
깊은 속살거림으로 서슬이 내린다

어찌하여 그렇게 님의 살빛 같은
백옥을 세상에 보냈는지
한 방울 이슬이 환희에서 사랑의 휘장 건다

등 뒤로 번지는 따순 정
희고 찬 회상의 맑은 가락
저물도록 홀로 누워 듣노니

그리움이 설움인 줄 이제야 알았는지
애끈히 떠도는 은빛 물결 위로
놀이 흐른다.

사막과 낙타 외 1편

정│진│덕

거실에 앉아
이젠 TV나 스마트폰 통해 세상 구석구석을 환히
내다볼 수 있는 전천후 천리안 시대

지난날 아득하게 펼쳐진 황량한 사막을 걷는 낙타를 본다
예로부터 외로운 낙타들의 힘들고 어려웠던 삶이,
세상 지천으로 널린 아름다운 꽃 제대로 한번 피워 보지 못한
서러움이,
휘황찬란한 문명 비껴간 안타까움이,
못내 앙금으로 가라앉아 메마른 가슴에 전설처럼 내려오는
광활한 사막
모래 물결 눈 시린 파도 위에 끙끙 앓고 있는 고독의 메아리
환청처럼 들려온다

몇 날 며칠을 맹렬한 폭염과 때론 모래바람 속을 등허리에
불끈 솟아난 혹을 신앙처럼 의지하며
허리가 휘도록 무거운 세상 짐 잔뜩 짊어지고
수많은 이야기 켜켜이 잠들어 있는 아스라한 사막을 묵묵히
한 발 한 발 걸어가는 지난至難하기 그지없는 낙타의 길

고된 삶, 세상엔 지금도 온몸으로 여전히 이고 지고
끌고 가는 힘든 우리 이웃들의 모습이
가물가물 멀어져 가는 낙타 위에 아른거린다.

꿈·74

해와 달이
세상을 끌고 가듯 현실과 꿈이 잰 거름으로 날 끌고 간다.

유년의 강물 외 1편

정|진|홍

소풍 전날
검은 저녁은 늘 글썽거려
무거운 시간은 발등을 누른다
인형 같은 또래 아이가 알루미늄 빈 팽이
속에 환상처럼 들어오며
나무늘보 같은 짙은 그림자 속에서
돌리고 논다
시간은 별 소득 없이 지나간다

모레 선생님께 검사 받을 일기를 거짓말로 썼고
남루한 내게 관심 있는 선생님은 없었다
그땐 멍청한 어른이라도
아이가 아닌 어른이 되고 싶었다
유년 시절은 지팡이 짚고
더디게 걸어가는 노인처럼
그렇게 핏빛 노을은 늙은 강물을
삼키고 있었다.

문지방에 걸린 다섯 단어

슬픔
허기진 틈을 비집고 들어와 마음을 적셔 출렁대니
어찌할 바 몰라 헛웃음만 탈곡기처럼 탈탈거린다.

그대
새벽안개 아무것도 보이지 않던 어떤 날, 현기증 나는
안개꽃처럼 나타나, 나를 웃고 울게 만든 그대.

시
쓰다 보면 분명해지리라 확신했어, 나를 닮은 시보다
더 멋진 나를 상상했지, 쓰면 쓸수록 더 나를 닮아가는 시.

폐쇄
아무리 울어도 푸른 눈물 꽃은 시들어, 몸은 수평인데
갇혀 나가지 못한 영혼은 힘겹게 날다, 천장 녹슨 못에 걸린다.

밥
밥벌이에 급급했지, 밥에 자유 하려 밥을 비축했는데
어느덧 밥은 사라졌고, 남은 밥풀 몇 개
남루한 의식은 가을처럼 떨어진다.

하늘은 내게 외 1편

정찬우

하늘이 내게 주고자 하는 것은
영광과 찬미가 아니며
고통과 번민을 통하여
또 다른 깨달음을 주고자 함이 아닐까

하늘이 내게 주고자 하는 것은
권세와 명예가 아니라
허약함과 초라함을 통하여
더 큰 영광을 주기 위함일 것이다

하늘이 내게 주고자 하는 것은
넘치는 사랑과 풍요함이 아니라
가난과 시련을 통하여
더 큰 주의 은혜를 주기 위함일 것이다

하여
오늘의 아픔과 고통
번민과 나약함의 시련이
내일을 위한 영광의 찬미일 것이다.

사람이 그리운 날에

태양에 빛이 있고
꽃에 향기가 있듯
사람에게도 저마다의 향기가 있다

어떤 이는 강하고 곧은
어떤 이는 나약하고 흐린
어떤 이는 온화하고 다정한 인상에

그러면서도
짙고 옅은 라일락과 국화 향이
수선화와 들꽃처럼 은은하고 산뜻한 향을
살며시 뿌려 주는 이가 있다

살다 보면
그리운 사람, 보고픈 사람이 있듯
나의 색과 향이 무엇인지 알 수 없으나
있는 듯 없는 듯 은은한 들꽃으로 피어
뭇 사람의 가슴에 남고 싶다.

청산도 바람을 만나다 외 1편

정 홍 도

저 바닷물에 손 담그면
잉크 빛깔 물들여질까
미역 톳 세모가사리가 몸을 헹구고
전복이 다시마를 답삭이는
포구는 잠잠하다

뭍길도 멀리 가슴 띄운 섬
낮은 지붕을 감싼 돌담마다
대를 이은 옛 얘기 소곤대는데
물질 나간 빈집에는 검은 염소 울음소리

겨울바람도
유채 잎 파랗게 엎드려 꽃대를 기다리고
구들장 다락논 벼 그루터기는
논물 찰랑 그때 그 물방개를 기다린다

어디선가
맺으며 풀어내는 북장단 앞세워
애절한 판소리 고갯길 넘어오면
바닷물도 울컥울컥 추임새다

자갈밭 한 구석에 초분이 누워 있다.

배추밭

해남 상공산 올라 까치발 딛는다
펼쳐 놓은 푸르른 배추밭이 잔파도처럼 일렁인다

소슬한 갯바람에 고구마 줄기는 땅을 기고
김장배추는 노란 고갱이를 밀어 올리고 있다

배추밭 가운데 한 숫진 사나이가 서 있다

염전 품삯
소금으로 받아들고 황토 들녘 달리던 아이

배추밭으로 일 나간 엄마를 기다리다가
후박나무 그늘을 당겨
잠이 들곤 했던 아이
뒷목은 언제나 황톳물로 찌들었지

뭍이 된 갯벌은 기억을 묻은 지 오래
서걱서걱 갈대 몇 흰 머리를 날리고
배추밭 가운데 한 숫진 사나이가 서 있다

절임 배추 따라나선 통배추가
고갯길에서 숨을 고르는 사이
막 젖 뗀 월동 모종밭을
자꾸만 돌아본다.

야생화 · 1 외 1편

정 홍 성

산에 들에 꽃들이 무더기 무더기
여기저기
산산山山이 산산散散이 피어
얼굴마다 모두 웃음 가득하다

꽃과 나는 언제나 함께 웃었다
꽃과 나는 언제나 함께 피었다

봄 꽃 다 피면 여름 꽃 피고
여름 꽃 다 피면 가을 꽃 피고

가을에는 산과 들에 구절초
들국화들 화들짝 화들짝 피어
아! 가도 가도 질기게 따라오는
꽃 내 음 산 내 음이여!

야생화·3

산엔 산꽃들이 들엔 들꽃들이
산에 피는 꽃 들에도 피었네
들에 피는 꽃 산에도 피었네

피는 꽃은 필지라도 꽃이 지네
지는 꽃은 질지라도 꽃이 피네

꽃이 피네 꽃이 피네
꽃이 지네 꽃이 지네

세월이 피네 세월이 피네
세월이 지네 세월이 지네

한 잎 두 잎 한 송이 두 송이
세월 속에 세월이 피네
세월 속에 세월이 지네.

입동立冬 외 1편

정 희 원

손가락 스윽 찔러
파란 바닷물
나이아가라 폭포처럼 쏟아질 것 같은
하늘
노란 귤 가득한 터알 같은 과수원
일손은 날고
입동 햇살에
붉은 손수건 꺼내든 한라산
산허리가 우는데
바람에 스치는
억새 소리가 하얗다.

흰 사슴들

바람 한 점 없이
함박눈 내리는 날
차창 뒤로 숲속 흰 사슴들
새하얀 눈썹에 고드름 달고
몰아쉬는 숨소리
뒤뚱뒤뚱 해안가로 걸어간다

얼마나 하얀 털이 무거운지
발목을 다 덮었다.

이주 민들레 외 1편

조경순

남미에서 철도 침목
들여올 때 함께 온

노오란 민들레가
가족 된 지 오래인데

꽃 피어 이쁘면 되지
손가락질 왜 하는 겨.

독하지 않았으면
자식 번창 시켰겠어

발로 툭툭 차대면서
남의 탓은 왜 하는 겨,

서운해 새끼 키우면서
그러는 거 정말 아녀.

토종 토종 허지 말어
거듭거듭 개량하여

좋은 품종 얻었는데
난민 대하듯 다그치네

귀화한 이주 민들레
사랑으로 봐 주세요.

장찬저수지
―고래를 닮은 호수

자하문 닫아 걸은
동해바다 큰 고래가

명치끝에 걸린 고향
주파수로 던져 주면

천리 먼 바다를 당겨
들어가는 대천세계.

붉어지는 서쪽 하늘
시리고 차가워도

반추하는 호수 문장
고루 펴서 반죽하니

전생을 부리에 걸어
낯설지가 않았다.

만추 외 1편

조 병 서

소리 없이
가을이 찾아왔습니다
대추나무
파란 대추 붉게 물들이고
밤나무는
툭툭 알밤을 쏟아놓고
상수리나무
톡톡 도토리를 떨어뜨리니
다람쥐 한 입 잔뜩 물고 달아나네
너와 나
우리 모두가 배부른 계절입니다
나의 잣대로 세상을 재지 말며
남의 말을 많이 하면
결국 자신에게 돌아오며
남의 의견을 존중해야
나의 의견도 존중받는 법
사람들 중에는
일이 졸졸 따르는 사람이 있으며
일이 슬슬 피하는 사람도 있다네.

꿍짝

인생은 꿍짝이다
인생은 꿍짝이 잘 맞아야
남 보기도 좋으며
서로 믿고 의지하게 되더라
부부간에도
꿍짝이 잘 맞아야 살맛이 나며
형제 자매간에도
꿍짝이
잘 맞아야 우애가 깊어진다
내 편 네 편 따지지 말고
꿍짝이 잘 맞고
죽이 잘 맞아야
인생에 사는 맛이 나더라
꿍짝이 보약이다.

그저 웃기오 외 1편
—누이의 죽음을 애도하며

조 성 학

삶이 무엇이고
죽음은 또 무엇인가
그 길이 어디라고
가신다는 가요
또, 먼저

하늘 길 멀고 먼
낭떠러지 길
천사가 받쳐 주랴
멀고 먼 그 길
누이의 십자가
뉘 막으랴?

세상 걸 다 버리니
편하다는 누이
영영 가시는 그 길이래도
누님, 우린 어제처럼
그저 웃기오.

삶의 의미

지하철 안
턱스크도 거부하는
출근길의 일상
단 한 번의 재채기라도
지하철 안의 감정은
경계의 빛

긴 침묵
말소리조차 앗아 간
짓눌린 삶이래도
문이 열리는 순간
우르르
우린 서로의 안부를 묻고
이어 가는 일상
그래서, 삶이란
오늘 우리에게 큰 의미가 있다.

겨레의 시 외 1편

조연탁

자연에 널려 있는
아름다움 새겨 본다
시 아닌 게 있을까
으뜸 되는 우리 삶

큰 느낌
빚고 즐기는
멋스러운 시조 시

우쭐댈 줄 몰라요
권위 명예 아니니
겨레 시 바로 알면
모두가 시조시인

대화도 시조로 하면
멋이 좔좔
흐를 걸.

우사에서

우람한 몸매에다 유순한 저 눈빛
지난날엔 집집마다 길렀던 한두 마리
재산의 으뜸이 되어 풍년 이룬 쟁기질.

학교에서 돌아오면 강변에 매어진 소
풀 뜯기고 꼴 베어 망태기에 가득 담아
해 질 녘 돌아올 때는 배불뚝이 칭찬감.

소 마구에 매어 놓고 쇠죽 쑤기 힘겨워도
작두질에 여물 썰어 불 지펴 끓일 때면
언제나 식구들 정성 지칠 줄도 모르고.

우리 집 일등 재산 학비의 밑천이라
우사 청결 위생 관리 번들번들 살찌우고
온 식구 함께 돌보는 사랑 받는 한 가족.

지금도 쟁쟁하다 어버이 하신 말씀
"네 학비로 소 팔았다" 가슴 뭉클 그때의 일
황소야 추억 새롭다 너로 인한 아련함

지금의 소들 모습 지난날은 간 데 없고
살만 찌운 신세 되어 살코기나 팔려가는
안쓰럼 어쩔 수 있나 오늘날의 매정함.

그림자 외 1편

조 재 순

한참을
정신없이
걸어왔어도

뒤돌아보면
언제나

희미한
그림자 하나로
남아 있는
그대

청솔 같은.

눈부처

내
눈 속에
니가
있다

니가
거기 있어
평생을
내가
아프다.

지금 외 1편

조 재 화

행복은 샘
아름다운
영혼의 저 깊은
알뜰한 정원에서
우러나는
배려의 샘이기에
네가 우러나는
순간마다
윤슬로 반짝이는
지금
생의 희열이여.

기도

대주재여 이 나라를 지켜주소서
이 민족을 굽어보소서
남북의 가족에게 평화를 내려주소서
만리장성 동북 땅을 허락하사
옛 고구려 말발굽 소리 요란했던
만주벌판!
발해의 기상으로 태평을 누리던
해동성국이 그립습니다

남북의 겨레가 한마음으로
태극기 높게 올리고 땅 깊이 새겨
만방에 평화의 나라
대한을 떨치게 하소서

안시성 옛터에 성읍을 세우고
세세대대에 대륙을 경영하는 나라 되어
평화로 거느리는 백성 되도록 도우소서
녹색별 지구상에 사랑이 넘치는 자비가
푸르름 가득히 이웃나라 본이 되게 하소서.

노승 외 1편

조정일

키보다 훨씬 자란 지팡이 짚고
헐렁한 장삼 주름이 거칠게 흐른다
무표정한 얼굴은 반만 숙이고
염주는 왼손에 쥔 채
맨발로 느릇느릇 걷는다

대뿌리에 얽히어 매듭지고
비켜서 돌면 그 자리인데도
아옹다옹 세속 벗어나
솔뿌리 억척스레 바위 깨고 비집어 든다

개구리가 연잎 위에서 잠자리 노리던 날
작대기 끝 잡고 따라온 아이놈 풀이 죽었다
아궁이 불 지피며 한 치 자라고
절간 풍경 소리로 귀소지 한다

새벽 이고 번뇌 지고
가파른 파고 끝에 선지가 아득하다
찰나는 길게 뻗어 부처 등줄기 타고
세파는 어지러이 돌아 팽이채가 난다

벽 세우고
바람 잊고
세월 묶어 토굴 속에 가두고

가부좌 굳어 가루로 날리지만
부족하여
파도에 몽돌 구르고
굴 속으로 더욱 깊이 파들어 간다

절벽에 떨어져 짐승들의 굶주린 배 채워 주고
등신 태워 불전에 올리고서라도
바릿대에 채워지는 은하의 뗏목을 볼 수만 있다면

사선으로 깔린 흐릿한 눈빛은
사색인가 고뇌인가
무심은 허허로이 비탈길 오른다.

크리스마스 단상

종잇조각들이 눈처럼 반짝거리며 떨어진다

치장한 트리는 높이 솟고
마루에 걸린 십자가는 충혈된 눈으로 하늘 본다
화려해진 교회는 눈먼 자들 유혹하고
반도 채우지 못한 냄비는 바람에 덜렁거린다
남루한 옷 입은 예수는 예배당 문전에서 쫓겨나고
밥그릇 뺏긴 자는 하늘 닿은 철탑에서 절규한다
돈은 캐럴의 숨통 조여
거리는 싸늘하게 식어 가지만
여의도 돔 속 고함 소리는 원성을 밟는다
컵라면을 가방에 넣고 목구멍과 숨통이 줄다리기하는 곳에서
주를 찾고
기도 소리는 배고픔 이기지 못하고
손을 뒤로 돌려 빵을 구하다 잡히고
그럴 용기마저 없는 숙맥은
다음 생의 행복을 찾아 떠난다
별들이 휘황찬 불빛 뒤로 숨어 버린 밤
별은 교회 첨탑 위에 붉게 빛나 어린 양들을 인도하고
목자의 온화한 미소 속에 줄지어 서서
하늘나라에서 쓸 일용할 양식들이 헌금 상자 속 채운다

지하철 입구 길섶에 엎딘 앉은뱅이 주린 배가 빈 깡통 울리고
뒷골목엔 술과 기름 냄새가 튀어나와 방향 잃고 헤맬 때
신작로 사거리에 선 사람의 아들은 갈 곳이 없다.

해당화 외 1편

조 주 현

산포리 바닷가
불어오는 해풍에
잠든 꽃잎
떨어질라

이른 아침
찾는 이 없는
댓잎 우거진
망양정 언덕에

무슨 그리움이 있어
누각 앞에 외롭게 피어

하염없이
먼 바다 바라보며
이슬 눈물로

불어오는 바닷바람에
꽃잎 여미는가.

수까치깨 꽃

밤이 되면
칠흑같이 쌓인 외로움

새벽이 되어도
풀리지 않는 너를

녹여 주려
내가 왔다

날이 새길 기다려
내가 찾아왔다

꽃을 보듬어 주랴
꽃받침을 닦아 주랴

아니다
너의 가슴을 찬찬히
쓸어내려 주마

맺힌 눈물
맺힌 서러움을
꾹꾹
쓸어내려 주마.

이 땅의 아침에 외 1편

조혜식

창 안으로 스며드는 아침 햇살
얼마나 따뜻한가
얼마나 찬란한가

평온한 휴식의 밤을 지나니
어둠은 말끔히 사라지고
새롭게 맞이하는 아침 햇살은
이 땅에 가득히
하루를 열어 가는 시간 속에
아름다운 꽃이 되어 피었어라

영롱한 햇살은
젊음의 의욕이 되고
벅찬 희망이 되고
엄숙한 영광이 되어
이 땅에 환하게 넘칠 무렵

우리 이렇게
건강하게 살고 있음은
무한한 축복이며
영원한 은총이어라.

강가에 노을이 지듯

강가에 노을이 지듯
자연은 어김없이 흘러
가는 세월 아쉽고
오는 세월 반겨 맞아
청풍 명월 노랫가락
둥둥 신명나게 부르면서
거침없이 살고파라

기우는 저녁 햇살이
강가에 조용히 엷어지면
노을은 타다 붉게 지니
우리 인생 노을 같아라
사는 동안은 꿈을 갖자
산허리 굽이도는 물결
언제 봐도 새로워라.

하다가도 외 1편

조 홍 규

사는 게 이게 아닌데
하다가도
하다가도
사는 게 이게면
안 되는데
하다가도
사는 게 이게구나 하다가
사는 게 이게구나 하다
하다가
이거구나 한다.

희망이라 하고

있었으나
모르고 지낸
한 번도 함께 한 적이 없는
그래도
한 번은 함께 할 거라는
있어도 없었던 것
없어도 있을 것같이
곁에서
지켜보고 있기는 하는 것이냐.

계절이 머물다 간 자리 외 1편

지 한 주

가을걷이 떠난 허전한 들녘
어딘지 서글퍼지는 그리움
누군가를 떠나 보내는 쓸쓸함처럼
가슴에 밀려오는 아쉬움
못내 서럽다

산 그림자 밀려오면
시린 이별을 수놓은 풀잎 이슬
자꾸만 그리워지는 서러운 눈물
수줍은 밤이 그립다
다 떠나고 난 허허 빈터
허기진 바람만 맴돌고 있다

지난여름 왕성한 열정이었는데
동차 떠난 허전한 시골 간이역처럼
떠나고 나면 다 그런 것
살아 숨 쉬는 한 점 가슴이 그립듯
산다는 것은 기다림에 지친
허무인 것을.

가슴에 그리운 정 하나

외롭고 허전해도
슬프고 괴로워도
조용히 와 닿는 그리움으로
가슴에 고운 정 하나 남기고
사랑하는 마음으로 살고 싶어
하늘빛 파란빛으로 살고 싶다

찬연한 아침 이슬처럼
투명한 그림자 드리우고
해맑은 모습으로 세상 그리며
더불어 사는 아릿한 정 나누며
노을빛 저무는 세월 가고 싶어라

훨훨 하늘 나는 새들처럼
시공을 넘어 있는 그대로 언제나
미움 없이 돌아보는 기다림으로
물이 흐르듯 쉼 없이
혼자 가리라.

내 나이 74세 외 1편

지현경

기력은 바람에 밀려가고
정신은 바닥에 흩어져도
내 나이 74세
아직도 축구 운동을 하며
즐기는 청춘인데
날 보고 어찌 늙었다 하는가!

어느 인생

세상에 태어나서 살다 보니
돈이 없어 누더기 속에 단잠을 자고
먹는 것도 먹는 건지 마는 건지 한 끼를 때웠다
입고 거리를 거닐 때는 차별화였다
죽어서도 돈이 없어 산꼭대기 몰랭이에
한그찌게 자리 잡고 영원히 잠들었다
그 님은 그 자리가 별장자리가 되리라
머지않아 해수면이 66m 차오르니
당신의 그 묫자리는
명당자리가 아닌가!

흔들린다는 것 외 1편

진 명 희

빗줄기가 바람에 흔들릴 때마다
뒤섞이는 향기가 난다
흔들리고 흔들리면서
본연의 모습을 찾아간다

광고용 풍선은 허공에 온몸을 흔들면서
자신의 모습을 세운다

생각이 흔들릴 때마다
찾는 길을 묻는다

오늘도 바람과 함께 길을 걷는다
간혹 흔들리는 발걸음.

홍시

빛살 가득
가지런하게 담는다
시간 속에 여물어 가는
촉촉한 마음만큼
커가는 내 안의 살점들

가을빛 닮은
그대.

아침 바다 외 1편

진진욱

금빛 쟁반 위에 살짝 올려진
탱글탱글 잘 익은 앵두 하나

하늘이 슬슬 끌어올리는 걸 보니
오늘도 서산에 무슨 일이 벌어질지

무정스레, 어부들은 보고도 모른 척
바다에만 유자망을 쳐대고 있다.

한밤의 여행

난, 인류 최초의 최장거리 마라톤 기록자
그녀가 머무는 하늘까지 올라가
단둘이 차를 마시며
반세기 동안 쌓였던 회포를 남김없이 풀며
다시는 울지 말자고 맹세하고 돌아왔다
얼마나 애태우던 세월이었던가
달을 보며 별들을 보며
그들에게 매달렸던 소원이 이루어지던 밤

왕복 소요 시간 8분 37초
숫자는 잠깐, 여행은 반세기
언제부턴가 슈베르트, 아르페지오네 소나타
1악장을 타고
고요의 적막을 헤치며 그녀에게 다녀오기를
가끔
슈베르트여!
이제 또 그녀에게로 갈 시간이니 어쩌겠나.

우리 금강산 · 1 외 1편

차 경 섭

입씨름 끝이 없는 판문점이 음산해도
화창한 봄뜨락엔 살구꽃이 화사롭고
태고를 간직한 신비 금강산은 보배런만

검푸른 임진강은 아픈 역사 몰라하고
풍요와 태평성대 누리는 파주더라
마음의 여유를 찾는 나들이객 북적대나니

남강수 적벽강은 예와 같이 흐르건만
향로봉 중내원에 백발 노승 간 곳 없고
수미탑 보고 보아도 괴이하고 음산터라

병풍친 총석들이 홍천삼도 다스린지
헐성루 올라보니 백운 바다 일렁이고
고아한 삼층 암자는 메달린 듯 아슬하여라

자연의 조화 이룬 화룡담은 눈길 끌고
빼어난 여근 있고 늠름도 한 남금이니
용왕께 풍어제 올린 제상은 진진도하여라.

우리 금강산·2

법기봉 높이 솟아 간드러진 여인 같고
울울한 해송군락 병풍친 듯 아름다워
근심도 걱정도 없는 아랫도리 힘 뻗건만

사자봉 으릉대니 촉대봉은 쫑긋하고
물소리 울려퍼진 계곡마다 풍광 좋아
봉래산 풍악정취는 계절 따라 피고지고

때묻지 않는 자연 금강산은 보배롭게
다투어 자태 뽑낸 천하절승 이 아니랴
울소에 삼형제바위 시체바위 기이하여라

그 많은 이름이요 전설 많은 금강산에
장경봉 석가봉은 높이 솟아 우람하고
수건암 보덕각시오 세두분에 명아지여

효운동 구룡소에 아홉 마리 용은 없고
원통골 수미골에 극락재요 영랑대여
비파담 비파 소리는 대자연의 교향악 같고.

선의 소묘 외 1편

채 규 판

갈잎
부시시 눈 뜨는
은편
품에 드는
긴 선율

빨갛게 타는
음악의
긴
강

몇 개의 지느러미를 포갠
그 여자의
입술의
손짓

은편들
애정을 거느리면서
도란
도란
지즐대는 소리
―타는 소리.

가을 시초

바람의 손끝을 건드리면
얇은 무늬의 원무가 돈다

빨갛고 화사한 색깔을 풀고
적시지만
고독은 아프다

과밭을 떠돌며 떠는 바람이
불협의 소리를 지꺼릴 때
늘 수런거리는 하늘
어느 쪽쯤에 눈을 둘까

문득 가락에 맞춰 시름을 다듬는
서러운 여울물
바람 끝에 매달려
달아나 버린 빨간 음향을 회상한다.

총선 후유증 외 1편

채 명 호

국민에 받은 국력
남용하는 국회 독재

공들여
쌓아올린
민주탑 무너진다

신독재
말로만 듣다
당해 보니 아픈 발등.

일상

아침에 피었다가
저녁에 지쳐 버린

나팔꽃
힘내라고
잎들이 하트 하트

또다시
새로운 아침
나팔소리 들린다.

연둣빛 보석 외 1편

채 선 엽

반질반질
연둣빛 여린 잎

고운 햇살 만나니
반짝반짝 빛이 납니다

내 마음에
보석 하나 새겨 놓습니다.

학교 가는 길

봄은 5월을 업고
나는 빠알간 책가방을 업고
봄날과 나란히 학교 가는 길

반쯤 눈이 감긴 가게 진열대
뽀빠이과자, 눈깔사탕
달콤한 유혹을 참는다

연초록 탐스러운 살결
장미 순 꺾어 한 입 베어 물면
쓰디쓴 배신감에 허리 굽은 할미꽃처럼
힘이 빠진다

구불구불 들길 따라
네잎클로버 행운 펼쳐 들고
아카시아 꽃바람에 실려
굽이굽이 노래하며 걷는 길

용두재 고개 턱밑
황금 보리밭은
소녀야 천천히 쉬어 가라 붙잡지만
숨 가쁘게 달려오는 버스 잽싸게 올라
네잎클로버 무임승차 행운을 고마워한다

부랴부랴 학교 문 들어서면
밤낮으로 먼저 도착해 있는
향나무 아래 책 읽는 소녀 동상
내게로 가슴 내밀며 반갑게 인사를 건넨다

만국기 펄럭이며 함성 자욱하던 운동장
선생님과 아이들의 정다움이
그림같이 아늑하던 학교
앵무산 바라보며 내 꿈 키우던 교실

이름만 떠올려도
뭉클 어린 날이 달려오는
나의 모교 해룡남초등학교
이제는 폐교 되어
빈 운동장 빈 교실만
쓸쓸히 앉아 있네.

황혼의 바다 외 1편

채 수 황

황혼의 노을 속에
갈매기 몇 마리가
어두움을 펴고 지나간다

수평선 너머로
태양이 숨어 가고
붉은 장막 내리며
바다는 부산하기만 하다

노을은 바다를 물들이고
내 마음도 물들이어
황홀함이 넘치는데

바닷속에서는
수많은 어족들이
잠자리를 마련하기 위하여
분주하겠지.

조약돌

바닷가에 하얀 조약돌
쓸쓸한 세월의 지문들이
눈부시다

지친 바다 물톱들이
쓸고 지나가고
겨울 찬바람들이
갈고 지나간다

파도의 톱질 소리와
바람의 맷돌 소리에
귀를 조아린다

묵묵히
견디는 하얀 조약돌
태양의 각문이
쓸쓸하기만 하다.

명사십리 1983 외 1편

최 경 순

신음조차 멈춰 버린
뜨거웠던 그해 여름
이룰 수 없어 애절한

죽도록 사랑했음을
소라껍데기 속에
숨겨둔 그날의 슬픈 일

고요하던 파도조차
열기에 쫓겨 깊숙이
한몸 되어 바닷속으로

물 밖에서 들려오는
색소폰의 슬픈 연가
푸른 솔밭은 기억할까

빛바랜 추억의 통증
내 사랑 숨 쉬는 바다
푸르던 하늘 오 그리운

명사십리 1983.

고추잠자리

마당에 강아지
졸음 겨워 실눈이다
평상에 한가로이
잠자리 길 쫓는 아낙

탱자나무 울타리
노을빛 머리에 이고
봉숭아꽃 장광 너머
사립문 앞 맑은 바람

황금 들녘 바라보며
부러울 게 없단 듯
본 듯이 못 본 듯이
맨드라미 뒤 감춘 웃음

집 앞 서성이는 이
오호라 살아왔으니
못 본 체 한들 해 지고
날 저문데 어디로 가랴.

그리움 외 1편

최 광 호

두물머리 강물은 흐른다
우리의 가슴속으로
두물머리 강물 흐르듯이
우리의 사랑도 흐른다

가슴에 지워지지 않는
그 눈동자가 그리워
내 가슴에 깊게 흐른다
두물머리 강물이 흐르듯이

깊어 가는 그리움
흘러가는 두물머리 강물같이
우리의 사랑도 세월 따라 흘러간다

두물머리 강물이 흐르듯이
사랑을 하자던
당신의 그 음성
칠흑의 밤하늘
별이 되어
두물머리 강물에 흐른다.

슬피 가는 봄

최루탄 가스에 눈물이 흐르는 봄
내 가슴에 자유를 그리워한 상흔
세상에 슬픈 시를 노래 부른다

민주주의를 애타게 그리워한
젊은 그 함성
내 가슴에 메아리 되어
그대 그리움은 불꽃으로 타오른다
역사의 횃불이 타는 이 봄
치욕의 흔적을 아주 지워 버려라

내 가슴을 뜨겁게 한
그대의 그 눈빛
노을빛으로 물들고 있다

슬피 가는 이 봄
자유의 깃발이 펄럭이는 소리를 들으려
그대 사랑하였던 상처
역사에 영원한 별이 되리라.

언텍트 시대 외 1편

최│동│열│

　차가운 냉소적 반응에 사회적 거리두기가 시작되었어요. 바이러스에 맞서 하얀 천을 두른 원형 경기장의 검투사, 그들은 로마 시대 이후에 창궐해 세상에 등장했어요 가장자리에 가면을 쓴 상징의 상호작용은 서로를 경계하고 있어요 분홍빛 보조개는 빼앗을 시선이 없네요 불신의 눈을 비추는, 세 번의 눈 깜빡임에 뒷걸음을 치고 있어요 언텍트 시대의 마스크는 대체제 없는 필수품, 립스틱이 지워진 민낯의 얼굴은 천으로 가려져 있고 숨은 얼굴 홍채에 어우러진 눈의 조화는 새로운 사람을 인식하는 4차원의 코드, 빈부를 나눈 궁색함이 장막에 가려집니다 표정을 잊으라는 천신天神의 명령인가요 젊은이들의 아이콘택트, 미간에 비싼 성형을 하네요.

사색하는 강아지

이름이 친근해 좋아서
사람들은 강아지라고 불렀어요

종일 하는 일이란
개코를 훔치며 공치기를 하고
발가락으로 바닥을 긁는 일

하루살이의 날갯짓에
장맛비 천둥소리를 무서워하다
바닥에 누워 배꼽을 그려놓고
부드러운 혀를 날름거리며

뛰다 넘어진 자리에서
출생의 비밀을 알아버린 후에는
짖지도 먹지도 않고

나의 보잘 것 없는 삶
구석에 엎드려 사색하는 강아지

본능적인 배고픔
다가오는 묘한 근심 때문에
단순한 강아지로 살기로 했죠

살가운 꼬리를 씽긋 흔들며

기쁨과 행복을 주는 가치 전도사

자기 다리를 깨물 깨물거리다
집사의 목을 핥으며.

고요의 경 외 1편

최 영 순

고요의 경이, 험한 모서리를 갈아
비단결로 부드러울 때
우리다운 화원은
한아름의 온실이 된다.

"너, 혹시 배고프지 않니?
춥지는 않고, 아프지는 않아?"
작은 관심, 작은 정성, 촘촘이
세상 바람이 훈훈하게 쌓여
낙원은 거기서부터 시발이 되고
끝없는 동그라미로 굴러갈 때

인생은 무엇이고 고해는 무엇인가
끝없는 물음의 윤회를 잠시 접고
고요의 경으로 서로 보듬어
너와 내가 다르지 않고
삶과 죽음이 한 넝쿨임을 아는 일
이럴 듯 고요의 경들이 득달로 모여
양지마을로 바글거릴 때

어느 길이 끝나는 날,
살아볼 만한 세상에 왔다간다고
나 그렇게 즐거웠다고, 자랑스러이
어디에 고할 날이 있을 것이다.

수국

한여름 오죽헌 사임당 뜰에는
청잣빛 수국이 황실로 피고
내 남루한 발걸음은, 끌리듯
경건한 단을 딛고
수국 푸른 자경문으로 향한다

고아한 네 넋은
저 푸른 동해 해맑은 속청으로 떠오고
저 무지갯빛 푸른 요정의 정기가 몽울져
드디어 수억년 묻혔던 비장의
송이송이 사파이어 청보석으로 핀다

너를 맞으면 내 손은 늘 검뎅이
가슴은 멍울뿐, 추슬러

오죽헌 문향의 수국빛 찾아
오붓이 청아한 가슴으로 담아 오면
세상은 온통 쪽빛으로 홰를 치고
기진한 일상은 어둠을 넘어
또다른 한 송이 수국으로 피는가.

외설 외 1편
―독도

최 완 욱

생의 끝점에서
너를 붙안고
흔들리다 맞잡은 손
위태롭다

왜도倭島로부터
불어온 외설
괭이갈매기 매서운 날갯짓으로
철썩이며 때린다

역사의 야만을….

기억의 빛깔

기억의 빛깔은
회색빛 먹구름이다

사랑도
아픔도
그리움도
너 떠나가던 하늘빛 그 빛깔
회색으로 얹혀 있다

사랑한다는 것
살아간다는 것
그것은
회색빛 위에 덧칠하여
변형의 기억을 만드는 것
그리하여
망각하는 것.

흐름의 미학美學 외 1편

최 | 유 | 진

강물이 흘러간다
눈여겨보면 저 유유한 흐름도 격조가 있고
그들만의 법칙이 있는 것 같다
문득 중국 명나라 때의 화가 오위吳偉의
장강만리도長江萬里圖가 생각난다
그림에 쓰여진 시구詩句도 생각난다
장강후랑추전랑長江後浪推前浪
세상신인환구인世上新人換舊人
앞물결이 고여 있으면 뒷물결도 갈 수가 없다
시간도 마찬가지요 인생도 마찬가지다
강물이 흐르는 것은 자연의 순리이며
새로움을 만들기 위한 섭리가 아닌가
나는 이 자연스럽고 엄숙한 법칙 앞에
한동안 숙연하지 않을 수 없었다
강물은 물이 들어오는 것은 배척하지 않고
모두 함께 데리고 간다
얼싸안으며 다독이면서 낮은 곳을 향하여 흘러간다
기다릴 줄도 알고
빠름과 느림의 속도를 스스로 조절하면서
쉬지 않고 흘러가는 강물
강물이 보여주는 저 흐름의 미학 안에
우주의 섭리가 숨쉬고 있다
강물을 들여다보노라면 어느새 나도
작은 물이랑이 되어 함께 출렁이고 있음을 알게 된다.

시간의 흔적

눈물 젖은 손수건 빛깔 같은
목련 꽃잎이 지고 있다

실안개 걷히는
내 생각의 이랑마다
꽃샘바람처럼 아려 오는
시간의 흔적

고요히 마음 문을 열면
떨어지는 꽃잎 사이로
먼 하늘이 보인다
하늘을 흐르는 구름장처럼
나 또한 이 봄을 지나가는
나그네인지도 모른다.

말차末茶 외 1편

최 │ 정 │ 수

전통이 숨쉬는
정호완井戶碗 깊은 우물 속
가루차 눕혀 탕수湯水를 내린다

활짝 핀 다선茶筅 꽃잎
정성 가득 휘저으면
푸른 호수엔 별들이 박힌다

험준한 계곡 그윽한 차향
내면엔 싱싱한 차성茶性이
신비롭게 자리 잡는다

다신茶神만이
꿰뚫는 성스러움 탓인가
깨어나는 다심茶心은
한결 숙연해진다

정통 말차의 묵은 기운
검은 유혹·붉은 욕망
제대로 앗아 낸다.

봄날

혹한을 견뎌 낸 꽃망울도
외면당하는 요즘
미생물 코로나 여파로
살아 있음이 힘겹다

신종 감염증 폭발로 긴장된 나날
갑자기 빼앗긴 일상 때문에
봄기운 절개 지켜 와도
반갑게 맞이할 처지가 아니다
그래도 경자년 봄인데
비말로 두렵고 무서운 호흡
마스크 앞세워 만나기도 민망하다

꽃이 낯선지
사람이 낯선 건지
삶에 거리두기 번지더니
인생 봄마저 무색해졌다

못난 바이러스 극복 위해
위기를 인내로 버티지만
화사한 날 화심을 안고
나들이조차 할 수 없다

꽃도 침묵 속 외롭겠지만
그리운 내 마음도 봄 같지가 않다.

가을 서곡 외 1편

최 정 숙

파랗게 시린 하늘 한눈에 담아 놓고

찢겨진 잎사귀에 추풍낙엽 새기는가!

싸늘한 바람 한 점이

파르르 떨고 가네.

봄뜰

만삭한 봄 동산에
꽃눈 잎눈 뭉실뭉실

짝지은 벌 나비는
꽃을 찾아 헤매이고

하르르
부는 바람에
피고 지는 꽃잎들.

낙엽·1 외 1편

최 정 순

개밥풀꽃 핀 듯
적단풍 버릇처럼 취하여
앵도라진 붉은 입술
중심 잃은 몸뚱이 꿈틀대고

낙하하며
세상을 씹어대며
넘어지고 자빠져
시체처럼 포개지고

치기 어린 항거도
거두지 못할 흑빛 무덤도
부질없는 인사만 겹겹이 쌓여져
죽음의 그림자에 쫓겨
절망 아래 널브러진다.

낙엽 · 2

여명 고개 드는 새벽
안개 덮인 계단 내려서니

소복소복 낙엽 진영
모두 날개 잃고 누웠네

밤새 먹빛 여의도록
달도 별도 울고

황금기 찬란한 전설
서릿발 아래 차갑기만 한데

사납게 흘러가는 세월
나무아미타불, 나무아미타불
어디론가 흩어진다.

흩어진다 밥알들 외 1편

최주식

보지 않으려 밤의 어둠을 불렀다
꼬일대로 꼬인 세월 눈 뜨기 싫다
어둠은 보이는 세상은 덮을지라도
마음 하나 감싸주지 못한다
마음의 닫힌 문 열어야 하는데
빗장 걸어 외면하고 싶은 현시다
내면의 응어리 밤새 태우고 태워도
끝없이 피어나고 또 피는 현존의 삶
거부할 수 없는 생이 담보되어 끌 수가 없다
건물이 붕괴되어야 사람이 깔려 죽고
사고가 나야만 무너지는 일터인가
평생 잡고 매달린 밥줄이 떨어졌다
아무것도 모르는 밥알들이 흩어진다
제 스스로 싹 틔울 수 없는 씨눈 없는 밥알들
받쳐 줄 밥숟가락마저 내동댕이쳐진다
밥줄에 목매단 힘없는 가장의 죽음
뉴스 지면에 밥풀칠한 아픔을 도배한다.

자갈치 시장

비린내가 인생을 논하는
자갈치 시장에는
퍼득대는 먼바다 물결이
좌판 위에 올려지면
날 세운 자갈치 아지메
엎치락뒤치락 칼날에
한치 한 마리 먹물 튀긴다
소주 한 잔에 시름 잊고
진종일 땀 젖은 마음
바닷바람에 실어 보내면
얼씨구나 저 절씨구나
엿가락이 춤을 추고
엿가위가 장단 맞추네
자갈치 시장 좌판들이 들썩대는
잔칫날이다
사람 사는 세상
아지메 사투리에 인정 익는 곳
흥정한 생갈치 한 마리 도마 위에 드러눕힌다
어스름한 저녁 불 켜지는 시장 바닥
노을 뱃전에 내려앉으면
집어등 매단 어선 출항을 하고
자갈치 시장 닻 내린 밤의 정적
어둠은 밀물에 얹혀 왔다 썰물에 실려 간다.

노을빛 사랑 외 1편

최 중 환

흐릿한 두 눈 지그시 떠밀고
어촌의 시끌벅적
떠드는 하얀 입김

어둠에 등불 켜고
비릿한 바람에 온몸 휘어
감으며 숨 내쉬며
가슴 더 구석 한적한 곳

선남선녀의 애틋한 사랑
눈을 비벼가며 짜릿한 몸
찔레 장미 너울너울
감기듯

사랑의 수를 놓고
귓전 가까이 심장 깊이에
사랑 설렘 속삭임 운명

분홍빛 노을 빛깔
사랑이 피어난다
검은 밤은 깊어만 가는
노을빛 사랑을

품고 품으며.

그대의 연가

아름답고 선한 그대를
볼 수 있어서 좋고
만질 수 있고
느낄 수 있어서 행복하다

그대의 심장 속
스며듦이 좋다

함께 할 수 있고
생각만으로도 기분 좋은
행복 보따리를
어디에다 풀어 놓을까

그대 사랑 내 가슴속 깊이
잔잔한 물결로 일렁인다.

코로나19 외 1편

최│진│만

　어제는 코로나19 감염병에 걸린 사람이 전국 516명이라고 한다 학교마다 방학이 끝나면 단축 수업과 학 반을 나눠 거리두기 수업도 또 한단다 대기업 회사 직원들은 재택근무를 하고 모든 종교 활동도 제한했다 길사나 흉사도 50명 미만으로 행사를 치러야 된다고 질병관리본부는 2단계 훈령을 발표했다 지금 우리나라와 세계는 코로나19로 몸살을 앓고 있다 어제는 경찰공무원이 됐다고 자랑하던 고종사촌 아우 큰아들 결혼식 날이다 양가 오십 명 제한에 외가 대표로 마스크를 착용하고 참석했다 주체 측의 열 체크까지 받고서야 겨우 예식장으로 들어갈 수 있었다 패닉 상태에 빠진 대한민국 국민 한 사람, 한 사람 개인 위생을 철저히 하여 이 난국을 극복하자.

더위 최면 걸기

긴 장마가 끝나고 폭염이다
푸른 잎 속 몸 숨긴 매미 떼
못다 이룬 사랑의 세레나데
귀가 따갑다

애닯은 사랑 이루지 못해
한여름 내내 뜨거운 저 울음이
산 그림자 사이로 지고
소슬바람 숲으로 찾아오면
굳게 다문 잎들은 침묵 속에서
산고의 가을을 준비하겠지

찬바람 아침저녁으로 내려와
홑이불 당겨 덮는 달콤한
새벽잠 같은
긴 불볕더위 속에 최면
걸어 보는 일상의 위안.

멋진 바보 외 1편

최｜창｜일

때론 상대를 위해 자신을 살짝 감추는 멋진 사람이 있다
알면서도 아무 말 하지 않고 무심히 걸어가 준다

상대의 감정을 지켜주는 것은 내 생각이 제로가 될 때다

눈과 귀와 생각이 따뜻하지 않으면 불가능한 일이다.

새벽길을 걸으며

바깥이 아직 칠흑인 것처럼 내가 보이지 않고
답답한 날은 새벽길을 나서 본다

'해결'의 길이 없는 막연한 이름으로 찾아오는 일도
사실은 '해결'의 길이 있었다는 것을 알게 하여 준다

아무것도 보이지 않는 새벽길은 백지의 공간이 열리는 시간이다.

유년의 일기장 외 1편

최 춘 남

일요일 창녕 갔다가
설익은 보리밭 길 지나간다
싱싱한 보리 냄새가
태산 같은 보릿고개를 안고 넘어와
자꾸만 내 코를 후빈다
완도군 군외면 갈문리
보릿고개 시절 풀떼기로 끼니 때우고
자운영 꽃 핀 논둑 밑에서
친구들과 보리 그을려 먹었었지
양손 맷돌 삼아 싹싹 부벼
검은 껍질 벗겨 허기 때우다가
검정 고무신 코빼기 탄 줄 몰랐었지
돌아오는 길 작은 개울에
코빼기 뚫린 검은 고무신 한 짝
해금 머금고 물에 잠겨 있었다
어머니가 흰 실로 촘촘히 꼬매 주셨던
코가 날아간 고무신 속에
굳은살 박힌 어머니 손가락을 닮고
노루 발바닥 같은 내 발가락도 닮고
하늘만 바라보고 누워 있다가
내 시선과 마주치자
끝없이 나를 따라오고 있었다.

한시적으로 살아가는 것들

각종 영수증이
사명을 안고 기다린다
유심히 흘러가는 세월
마음의 사각지대에 유배된 것들
한 달에 한 번씩
삶을 마감해야 하는 고지서가
종기처럼 일어선다
단명을 서두르는 육신들이
마침내 현기증을 일으키며 탈출을 서두른다
가벼운 구조선의
신경을 자극하며
순간 섬을 떠올린다
신경을 잠시 끄고
부활하여 번식될 어미들을 처리하고
돌아오는 길 위에서 염랑은
여름날 개처럼 혓바닥을 쑥 빼고
내 걸음에 맞추어 가쁜 숨을 몰아쉰다.

각시탈 외 1편

최 태 석

슬픔이 여울지누나
사정없이 웃어제껴라
고맙다 슬픔이여 너는 기쁨의 참 씨앗이려니
내 으스러져라 붙잡아 주마
더덩실 옷자락 휘날리며
두 팔 화들짝 펼친다

오매 기쁨이 일렁이누나
기꺼이 눈물 쏟아내 주지
애증에 절인 소매일랑 걷어붙이고
시나브로 흐느끼면서 통곡하면서
메마른 가슴 계곡 너울지련다
고뇌는 걷어차 버리면 그뿐이렷다
백팔 번 맴돌다 한 발길질로
맵시 어린 회돌이춤 선보이고
사뿐 내려앉으면 밀려오는 갈채 소리

장막을 거두는 하루
진땀 얼룩진 각시탈 벗고
거울 앞에 서면 낯익은 사내
알 듯 모를 듯한 미소를 짓는다.

하나 2 님이여

함께 있으면 좋은 사람이 아니라
곁에 없으면 안될 사람이고 싶습니다

사랑을 함뿍 주고 기꺼운 사람이 아니라
목숨마저 내바쳐도 행복한 사람이고 싶습니다

기쁨 손 잡고 나누는 사람이 아니라
설움 붙안고 가루는 사람이고 싶습니다

여럿 더불어 아우르는 사람이 아니라
내 님 호올로 간직하는 사람이고 싶습니다

옷자락이어도 좋습니다
그림자이어도 좋습니다

애오라지 내 님과 하나되는 사람이고 싶습니다.

※가루다: 하나되다

길목에서 외 1편

최 형 윤

매서운 삭풍이
오는 둥 가는 둥 지나가니
양지바른 둔덕에
움츠렸던 새 생명이
기지개를 켠다

영겁을 거듭한 세월은
새로운 만남으로
기쁨을 내려 주더니
어느새
헤어짐을 영원케 하여
애절을 안겨 준다

외곬로 지녀온 푸른 꿈
못 다 이루고 지나치려는
무심한 지천명知天命을
두 팔 벌려 막으려 하니
반갑지도 않은 이순耳順이
내 자리 내놓으라며
등허리를 떠민다.

종착역에서

인생은 누구나 나그네인 걸
어떤 이 완행열차를 타고
다른 이는 고속버스 속
가진 이 승용차로
조금은 빠르고
조금 느리게 가고 있지만
내릴 곳은 한 곳일 테지

낯설은 길 잠깐 멈춘 정류장
주막 찾아 막걸리 한 잔 걸치면
감은 눈 속엔 슬픔 가득
감정의 절반은 지난날의 회한이
방방이질 하지만
이를 곳은 모두 한 곳

영겁 속의 인생이란 찰나이지만
짧은 세월 유랑하면서
배려와 봉사 나눔을 아우르지 못한 채
조금은 이르게
조금은 늦게 도착했을 뿐
누구나 내려야 할 그 한 곳
오직 중천이겠지.

산사山寺의 오후 외 1편

추 영 호

　풍경도 잠든 산사의 오후. 솔새 몇 마리 놀다 간 툇마루에 길게 드러누운 왕대나무 그림자. 목탁을 밀쳐놓은 노스님, 조시는지 명상 중이신지 지그시 눈을 감으시고 아까부터 그림처럼 앉아 계시네. 조심조심 다가선 동자승, 노스님 깨어나실 시간을 아는 듯 그 곁에 조용히 서 있는데 반쯤 기운 햇살이 두 머리에서 반짝 빛나네. 한참 만에 눈을 뜨신 노스님, 동자승을 보고 '네가 어찌 여태 거기 서 있느냐? 내 산사에 처음 왔던 60년 전 너를 지금 막 만나고 왔지 않느냐?' 하시며 빙그레 웃으시네.

꽃뱀

태초에
에덴동산을 누비던
날렵한 몸매, 화려한 색조
그건 원조의 아름다움

똬리 속에 감춘
독을 경계하라지만
독 없는 화려함이야
향기 없는 꽃과 진배없느니

신이 허락해 준
원죄의 조화造化는
세상을 타락케 할 음모였을지라도
뼛속까지 얼어붙은 음지에서
가슴을 훑고 간 한 줄기 바람을
어찌 거부할 수 있으리오

길몽과 흉몽 사이
유영遊泳의 깊은 뜻은
진한 사랑에 빠져 본 사람만이 알지니
그 현란한 혀 놀림조차도 무죄라는 것을.

비랑 외 1편

편문

새벽잠을 설겅이던 빗줄기가
유리창에 부서져
윤회의 길을 떠난다

덜컹거리며 밤의 그림자가
창가 고요의 밤을 깨우는 가느다란 소음
질퍽이는 어둠을 걷어내고
봄비에 젖은 산길을 찾아나선다

구름 걷히고
지난밤 빗방울이 걸러낸 오염이
길가 삭정이에 걸려 뭉쳐져 있다

청량한 산바람에 소름 돋는 감동
바람결 날려온 햇살의 상큼함에 눈이 부시다

맑고 맑은 숲밭에서
그만
세월을 잊는다.

하얀 영혼

어디서 왔다가 어디로 가는지
이정표 없는 사거리에 서성이는 영혼

파란 문을 나와 하얀 길로 온 당신을 만났지요
천년을 살자고 손잡고 한 약속

십년 세월 바래진 색깔이 희미한 모습으로
먼길 떠나면
남겨진 흔적이 상처로 남아 훌쩍이고 있다

무엇을 두고 왔는지 하얀 언덕 너머
고개 들어 바라보던 회한의 나날들
이제 우리는 멀리서 이별의 노래를 불러야 한다

돌아올 수 없는 길을 가더라도
모르는 듯 취한 듯
잊음 속으로 흘려보내고

내일을 기다리기 싫어
한잔 술 건네주며 마시고 또 마시고
가슴에 남겨진 눈물 쏟아낸다

문득문득
버려진 구석에 없는 모습으로 웅크린 채

홀로 부딪히는 건배의 잔
지난 세월 쏟아 버린 외면의 잔을 채울 길이 없다

멀리서 메아리도 울리지 않는
시간과 세월의 틈새에서
고운 손 엮어내는 사랑의 선율

사랑했노라
그래서 엎질러진 시간의 과오
상처가 깊어 치유되지 못하더라도
한 번만이라도
간절함으로
메아리 없는 소리를 질러 본다

사랑했노라
사랑했노라.

아버지 사랑 외 1편

표 애 자

청솔가지 군불 지펴
타다 남은 숯덩이 화로에 담아내면
어둠은 까만 코고무신 안에 가득 고이고
땀내 나는 버선 툭툭 털어 빨랫줄에 걸고
아버지의 하루를 대추나무에 걸어두셨다
무쇠 솥에서 숭늉 한 사발 들여다 놓고
툇마루에 요강단지 올려다 놓으면
저 멀리 마을에도 약속이나 한 듯
별들이 내려와 이야기꽃을 피웠지
삽살개 우짖는 소리와 사립문 여닫는 소리에
달님도 오동나무 가지에 걸터앉아
아버지가 들려주시던 옛날이야기에 귀 기울이며
밤 깊은 줄 모르고 구수한 이야기가 무르익으면
아가는 엄마 치마폭에 잠이 들고
달님도 별님 손잡고 떠나 버린다
세월이 흘러도 아버지 사랑은
형광등 불빛 아래 고향의 빛이 되어
고달픈 내 삶의 등불이 되어 길을 밝혀 준다.

회향回鄕

날개 꺾인 새 한 마리
눈물로 깃털이 젖어
낮이 지나고
또 밤이 가도 날 수 없었다
문득 올려다본
하얀 보름달 속에
저 멀리 고향이
아련하게 맺힌다
바위에 기대어
아픈 상처 싸안고
하나씩 깃털을 돋우며
날개 푸덕거려 본다
고향으로 돌아가야지
버선발로 반겨줄
어머니의 향기 찾아서.

현대판 재난 외 1편
— 우한 폐렴

하 성 용

우한발 신종 코로나바이러스
그림자 감염을 우려해
성숙한 시민의식
지켜 달라고 애원해도
어둠 깊숙이 숨어들어
비밀리 바이러스를 전파하니
무고한 시민만 피해를 보고

걷잡을 수 없이
매일매일 늘어나는
꼭꼭 숨은 코로나 신천지
확진자는 말할 것도 없고
사망자가 속출해도
바이러스의 온상이 되어 버린
신천지 비밀 집회 모임

학교는 개학이 연기되고
복지관, 오일장도 폐쇄되어
한산해진 거리만큼이나
여기저기 마스크 구매
줄서기가 끝이 없는
신천지를 만들어 가니
세계에서 버림받는 한국인.

빼앗긴 봄

연일 코로나 감염자 발표로
외국을 방문하지 말 것을 권고하며
입국자 발열 검사와 격리
대문을 걸어 잠그는 봉쇄 조치로
전 세계는 요동치고

외출과 모임을 자제하고
사회적 거리두기로
불신만 팽배해지며
길어지는 코로나 사태
치유의 길은 아득하기만 한데

코로나에 빼앗긴 봄은
피어나는 꽃의 아름다움도
감염자가 늘어나는 것을 우려해
몰려드는 상춘객마저 외면하고
출입이 통제된 꽃길
무심하기만 하다.

발 [足] 외 1편

한 병 윤

밀폐된 공간에 다섯 형제 모여 산다
바람과 햇빛도 찾지 못한 오지 동굴
홑이불 다정히 덮고 살 맞대고 살아간다

버거운 삶의 무게 짓눌린 힘살들
안전화 분지 속에 숙성된 유황 냄새
가쁜 숨 모아 쉬면서 바늘구멍 찾고 있다.

하루살이

오늘만 있고 내일은 없는 존재

하루 사랑 천년 사랑 하루 삶이 천년 삶

노을빛 서산 저 너머 아케론Acheron*을 건너간다.

※아케론: 그리스 신화에 나오는 저승의 강

지조 외 1편

한 빈

해당화 새겨진 경대鏡臺
홍순紅脣같이 고운 얼굴
들여다본다
얼굴에는 해당화가 잠뿍 폈고
눈가에는 잔주름 들어 앉았다
머리에는 목화 솜이 수북이
산을 올라 옹송그리다
노기 없힌 무서리 어청어청 흔들다
고개를 묵묵히 내려 둔다
경대에 우러난 그림자
고고한 여인, 연분홍 꽃잎에
덕행德行, 곱게 배인 몸가짐
씨앗이 영근다.

행상

다라이 생선 가득 담아 이고 치맛자락
펄럭거리며 타박타박 걸어간다
딥세기(짚신) 닿을세라 이 마을 저 마을 길 찾아
검은자 흰자의 눈은 경계를 드나들고
몸은 혼연일체가 되어

(쨋쨋하니)
고등어 사시오,
고등어 사시오,

햇빛에 지친 다라이 무게
한것, 반기는 집에 들어가 물 한사발로
허기진 배 채우고, 쨍쨍한 낮 다라이 안 고등어는
파리, 먼지로 웅성거린다
생선의 무게는 목을 눌러 몸으로 파고들고
지쳐 가는 근육은 경련을 일으킨다
고기 비늘이 햇볕에 말라 쇠리쇠리해지면
말 못할 설움에 먹장 같은 구름이 울컥해 온다
둥근 어깨뼈는 축 처진 채 주저앉을 듯
해넘이께 무거운 발걸음으로 숨구멍 열어 젖히고 걷는다.

※쨋쨋하니: 소리가 높고 날카롭게
※한것: 반나절
※쇠리쇠리: 눈부시다

아내 생각 외 1편

허 만 길

눈부신 목련꽃 얼굴처럼
가슴속 설레던 사랑

바람 한 결 한 결 꿀물 달고
날마다 새로 반짝이는
한결같은 그 자리
동쪽 하늘 고운 별

맑은 눈빛
그윽한 꽃결 미소
나를 향해 영원토록 자욱하다.

내 아내여서 행복이네

별처럼 맑은 눈으로
봄꽃처럼 내 영혼에 들어온
아내, 내 아내

당신이 내 아내여서
내 꿈은 언제나 따뜻하게
힘이 오르고
내 삶은 지쳐도 지침 없이 일어서는
행복이었네

어려운 살림
남편과 자식과 부모와 조상 위해
쭈그려 앉아
허리 제대로 펴지 못하며 살아온
힘든 세월들

어느덧 나이 많아
무릎 관절 아픔으로
일어서기조차 힘들어하는 아내

나는 아내 옆에서
핏속 고마움이
강물처럼 넘쳐 오르고
가슴속 사랑이

지나온 나날 살아갈 나날을
한량없이 감싼다

당신이 내 아내여서
나는 행복이네
아픔도 슬픔도 다시 오를 희망이네.

네가 커피가 된다 외 1편

현 | 영 | 희

황소 뿔 빛 슬픈 마음
로띠번 카페에 들어서면
달콤한 내음이 그리움처럼 스며들어
네 목소리로 만난다

아메리카노 커피를 마시면
너의 잔잔한 미소가
내 안에 가득 번져
흔들리던 마음이 귓속까지 따스하다

네가 보고 싶은 날은
카페로 간다
로띠번 모카빵 내음이
가슴속 깊이에서 솟는다
커피를 마시다가
네가 커피가 된다.

영인산 마루

하늘이 온통 햇빛으로 찬란하던 날
가슴에 단풍 물 그리움 담아
곱게 차려 입은 물든 가을 풍경 속에서
누군가를 기다리는 영인산 마루

다정한 친구의 사랑의 흔적
발걸음 사박거리며 옮길 때마다
가을볕이 너무 좋아
가만히 침묵하며 나를 말린다

양지바른 대지 위
영인산 마루 안뜰 사이로
삼삼오오 서성대며 기다림 뒤에
울려 퍼지는 스피커 소리
십오 번 손님! 팔 번 테이블로 오세요!
매우 만족 별 다섯 점 찍고 나오는 표정들

강 언니만 빠진 보리수모임 가을 여행이
해 질 녘 노을 풍경 속으로
갈대 바람 사르르 사르륵 실리며
또 하나의 추억을 만든다.
또 하나의 추억을 만든다.

연수사 서탑※ 외 1편

현 | 종 | 길

밤낮으로 염불 외던 스님들은 다 어디로 가고
빈 절 빈 탑에 달빛만 서성인다

서탑이 귀를 열고 내 발길을 몰아세운다
달빛에 어린 탑 경전을 풀어내듯
연수사 뜰에는 연꽃들이 삼매경에 든다

청와석으로 굳어진 소금 같은 그 몸에서
할머니, 어머니의 오랜 전설이 배어든 기도 소리
그 목소리 내 심장에 송곳처럼 꽂힌다

천 년 전 흰 옷 입은 우리 민족 모여 살던 서탑가
그 혼들 허공에서 잠들지 못하는데
모란각 평양각은 네온사인에 눈멀고 귀 멀어
서탑의 경전 읊는 소리 듣지 못한다

연수사 빈 문고리에 달그림자 달그락거리는 소리
반나체의 와불이 바람을 안고 누워 있다
와불의 몸에서 다라니경 읊는 소리 하늘을 가른다

흰 옷 입은 혼령을 내 품안에 받아 안고
나는 아득히 서탑 속 적멸에 든다.

※중국 선양시에 있는 서탑(춘천문학상 수상작)

다이달로스의 날개
—노숙자

지구의 숨구멍 같은 지하철 통로 한쪽 벽
흰 장대 같은 의족을 한 남자가
종잇장 같은 손을 내민다
밥 한 끼 값을 그에게 주었다
양같이 선한 눈빛의 그가 머리를 숙일 때
한파에 지하도 불빛처럼 반사되는 하얀 의족이
아프게 읽힌다
바코드같이 까만 틈과 틈 사이에서 칩처럼 끼여
부러진 날개로 동굴 속에 갇힌 이카로스
시간의 틈마다 손톱이 닳도록 코드를 맞춰 보지만
그 꿈은 오늘도 전철이 삼키고 간다
방울뱀의 경고 같은 호각 소리가 뒷목을 누르는 밤
뱀처럼 스멀스멀 기어드는 냉기 속으로
먼지같이 툭툭 차인 몸 그믐밤처럼 어둡다
외발로 선 이카로스의 오늘과 내일 사이가 길다
신화처럼 다이달로스의 날개를 달고 그가 별 밭으로
날아가기를 빌며 나는 막차를 탔다.

풀꽃 외 1편

현 형 수

이름 없이 한평생을 산다
땡볕과 음지의 그림자 아래
여울 소리 새소리 하나 없는
빈곤하고 척박한 후미진 곳에서

혹은 황폐하고 비탈진 모롱이
겨우 서로의 체온에 몸 기대며
한 생애를 담보한 채
운명인 숙명이 그렇게 산다

사방에 시선 하나 줄 곳 없는
외지고 황폐한 땅
아무도 보아주지 않는 척박한 땅에서
오로지 순종으로 한평생 이름 없는
그의 주검을 홀로 눕히는
억울한 삶이여.

가을과 겨울 사이

어느덧 겨우내 마른가지에
물오른 능금들 차례로 황금빛으로 여물어
초록의 녹음들 사이로 더욱 화사한데

고요 속에 구름 한점 없는 하늘 보며
시름으로 보낸 한겨울 이겨내고
꽃단장의 몸매로
주렁주렁 매달린 분신들과
발 아래 융단처럼 자라는
민들레 친구하며
하루가 더욱 정겨운데

벌써 음지의 과수원에
노오랑으로 물들어 가는 일찍 온 가을이
저승처럼 우울을 앓고 있는 능금 과수원.

춘화현상으로 승화된 열매를 외 1편
―COVID-19 팬데믹 세상을 살며

홍경자

이른 봄 개나리 진달래꽃이 더 아름답고
가을보리가 더 풍성하게 열매 맺듯
한 번도 경험해 보지 못한 추운 길 걷고 있는 우리
춘화현상으로 승화된 열매를 거두게 하소서

밝은 태양 푸른 하늘 아래
마음껏 자유롭게 푸르게 쑥쑥 자라나는 나무들같이
내일에 희망을 걸고 애원하는 가난한 마음들
측은지심의 은혜 누리며 허리 펴게 하소서

아이들의 웃음소리 가득한 교실 되고
온 거리에 사람들의 활기 넘쳐나게 하시며
감사하며 대대손손 옛 이야기 전하게 하소서
믿음으로 코로나 사태 잘 이겨 내었노라고….

나만의 색깔과 향으로 멋지게

인생살이란
미생未生이 영생永生을 향하여
업그레이드되어 가는 과정

어릴 적엔 부모의 살뜰한 보살핌 받아 가며
학창 시절엔 비싼 등록금 내면서
사회인 되면 생활비 벌어 가며 업그레이드되어 간다

무지갯빛 푸른 꿈이
청천벽력으로 조각나 온 세상이 어두움에 쌓일지라도
세상만사 새옹지마塞翁之馬요 고진감래苦盡甘來이니
점點이라는 매순간의 선택을 선線으로 잇고
진인사대천명盡人事待天命 하며 업그레이드되어 간다

수많은 점과 선들을
이 세상에 태어나며 받아든 그릇 모양과 크기에 맞추어
나만의 색깔과 향香으로 멋지게 주워 담으며
업그레이드되어 간다
더 이상 업그레이드될 수 없을 때까지….

전기밥솥 외 1편

홍 경 흠

전봇대 밑에 버려진 전기밥솥
고요가 소복이 쌓여 있다
낡아져 퀭한 모습은,
얼마나 오랫동안 사력을 다해 밥을 지었을까
불끈 일어나고 싶은 욕망
오가는 마음처럼 뭉쳐
햇볕을 바람을 들이고 있다
거기 밥 냄새에 시장기를 느꼈다
한 점의 누추함도 남기지 않으려는
저 결곡한 자세는
선택의 순간도 없이 플러그를 뽑히고
폐기 처분 되었음에
허방에 빠지지 않으려고 애쓰지만
걸쳤던 칠 한 조각 떨어져 나가고
텅 빈 몸엔 쉬파리도 날아오지 않는
고요가 흐른다
정든 이의 지문도 흐른다
아, 기다림 꽝이구나.

향사 鄕思

　오는가 싶더니 가는 계절이 부화시킨 앵두가 익어 간다

　내 마음의 매를 더 맞기 전에 세상 속으로 걸음을 뗐다

　네 생각과 내 생각이 다르지 않거나 비슷하게, 알지

　품삯을 모아 모아 어둠을 통과한 빛

　아침을 열더니, 겁 없이 삼겹살에 막걸리라, 다른 생물연대가 되었음에도
　　땀의 유전자는 나이를 지우면서 품삯의 시간을 늘렸다

　미래와 농담을 건네며 언젠가 죽는다는 말은 꺼내지 않았다

　보름달이 남산 능선에서 삶 속 한때를 불러와, 옹이 있는 감정과 화해하고,
　　지워진 지문은 새로 산 옷을 만지작거리고 있다

　공구 가방 대신 새 옷 갈아입은 산책길에는 바람도 다람쥐도 산책을 즐겼다

　익숙한 병이 분탕질하는 동안 삶의 덧없음은 우두커니
　　옛집 비추는 낮달에 아롱진 풍경과 반입속말로 웅얼거리며
　　앞마당 앵두를 바라본다.

주문진 갈매기 외 1편

홍 계 숙

파도를 사랑하다
상처 입은
울음소리는 다르더라

바다를 사랑하다
실연당한
울음소리는 다르더라

냐아오, 냐아오
슬피 울며 님을 찾는
주문진 갈매기는 다르더라

속초의 갈매기보다
더 서럽게, 서럽게 울기에
사람의 슬픔도 다르다는 것을 깨달았다.

상처

노랗게 물든
은행잎 주워
책갈피 꽂으려고
다가섰더니
흉한 상처 입지 않은
잎이 없더라

상처를 안고도
노랗게 물들어
한생을 아름답게 살다가다니
이 가을, 저토록 예쁘게 웃고 있다니
얼마나 아름다운가.

두레박을 찾습니다 외 1편

황 경 엽

안다
다 안다

울고불고 안 해도 나는
벌써 다 안다

평균으로 따진다면야
네 말이 하나도 틀린 것 없지

총점으로 줄 세워도
너의 자리 분명 앞쪽일 테니

낙방이라니
천불나는 네 마음 잘 안다

그래도 어떡하니
과락에 걸려 그리 되었다니.

궁상각치우
―임영란 화백의 걸작 '유流'에 취하여

살캉한 바위 덤불
녹음방초에
포말 이는 절정이니
찰나에 물든 풍만한 젖가슴
화선지에 채색이어라

삼 년 가문 날 지나
이런 당찬 흐름이면
목 축일 생명 많이 오라
붓 들어
참참이도 그렸기에

한양길 나그네 당겨 부르는
방금 물 먹고 돌아선
다람쥐 발자국 찾아보려
밀쳐 보고 쓿어 보는 햇살 곱구나.

수양버들 외 1편

황 귀 옥

물안개 모락모락 산새들 조잘조잘
봄바람 살랑살랑 시냇가 서성이면
여심의 머리결처럼 찰랑찰랑 나부껴

백로들 짝을 찾아 물가를 더듬더듬
해종일 기다려도 님 소식 오지 않고
윤슬만 마음결마냥 찰랑찰랑 흐른다.

접시꽃

공들여 쌓은 탑이 행여나 무너질까

비바람 견뎌내며 담벼락 기대서서

오늘도 미소 한 접시 머리 위에 앉았다.

종이 상자 외 1편

황 조 한

주름진 얼굴
백발의 머리
노년의 쓸쓸한 삶이 묻어난다

종이 상자를 줍는 일은
하찮지만 노인의 목숨줄

오늘도 그 줄에
풀매기기 위해

힘겨운 몸을 일으켜
폐지를 줍는다.

마스크 한 장

거리의 약국 앞마다
한 줄로 길게, 두 줄로도 길게
서 있는 사람들

저 풍경
웃어야 할지
울어야 할지
생生의 끄나풀 같은 줄

아이들은 어리니까 더 먼저
노약자는 면역력이 약하니까 더 먼저
그 더 먼저가 순서를 양보한다

서로가 하나되어 짓는 웃음
마스크에 가려졌어도
따스한 눈빛에서 우리가 된다

어느새 하나된 가슴에는
봄이 와 있다.

가는 세월 외 1편

황현동

세월은 빠르다 이 해도 얼마 남지 않았으니
작년 제야의 종소리를 들은 것이
아직 귀에 쟁쟁한 것 같은데

'누가 말했나?'
육십 살은 육십 킬로, 칠십 살은 칠십 킬로라는
말이 실감나게 세월은 달리는데

아직 마음만은 젊은데
몸은 예전 같지 않고
할 일은 많은데 걱정도 따라온다

'세월아 가지 마라'
'내 청춘이 다 늙어 간다'
대중가요 노랫말이 실감난다

나도 그 옛날에는
하고 많은 나날들이
늦게만 가는 줄로만 알았던 시절도 있었는데

가는 세월을 누가 잡을 수 있겠느냐
잡는다고 안 갈 세월이 아니고
묶어 둔다고 제자리 서 있을 세월이 아니지

두어라! 강줄기 따라 흐르는 강물같이
바람 따라 흘러가는 구름같이
우리 인생도 세월 따라 흘러갈 수밖에.

석촌 호수 둘레길

서울 대도심 속에 오아시스 같은
호수가 있다는 것이 너무너무 좋다

콘크리트 숲 도시에서 아름다운 호수를 보면서
걸을 수 있다는 것이 얼마나 좋은가

주위에 꽃과 나무가 어우러져 사철이 바뀔 때마다
각기 다른 단장으로 도시민의 안식을 주지 않는가?

봄에는 벚꽃이 만발하여 꽃 터널을 만들어 주어
무릉도원 꽃길을 만들어 주니 즐겁고

여름에는 푸른 호수와 나무가 어우러져
찾아온 사람에게도 푸른색이 마음까지 스며들어 시원하고

가을의 울긋불긋 단풍은
뭇사람의 마음을 황홀하게 만들어 놓으니 날아갈 것같이 좋고

겨울 눈 내리는 날 석촌 호수 길을 산책해 보라
모두가 연인이 되어 환호와 사랑에 빠지게 되니 낭만이 넘쳐나고

오늘도 나는 석촌 호수 둘레길을 산책하며
'참으로 좋다! 정말로 좋다! 너무 너무 좋다'고 외쳐 본다.

한국시인연대상 운영에 관한 세칙
한국시인연대 제15대 임원

한국시인연대상 운영에 관한 세칙

1. 시상 일시
   본상은 매년 1회 5월에 시상하는 것을 원칙으로 한다.

2. 심사위원
   ①본상의 심사위원은 5인 이내로 구성한다.
   ②당해년도의 본 협회 회장단 및 사무국장은 심사위원이 될 수 없다.
   ③심사위원은 회장단과 사무국장의 협의를 거쳐 회장이 위촉하며 수상자 결정까지 그 명단을 공개하지 않는다.

3. 수상 후보자
   ①수상 후보자는 문단 등단 10년 이상인 분으로서 심사 대상 기간 중 창작 시집을 간행한 분을 대상으로 한다.
   ②본상을 수상했던 분은 다시 수상 후보자가 될 수 없다.

4. 수상 대상 기간
   기간은 각년도 1월부터 12월까지 1년 동안으로 한다.

5. 수상자 선정
   ①수상자는 약간 명으로 한다.
   ②수상자는 심사위원 전원의 합의에 의해 결정하며 합의되지 못할 때에는 다수결로 할 수 있다.

6. 시상
   수상자에게는 본협회 소정의 상품과 상패를 수여한다.

7. 기타
   본 세칙은 1993년도부터 시행한다.

(사)한국시인연대 제15대 임원

회　　장　박현조

고　　문　채규판　장현기　정순영
　　　　　이진석

부 회 장　이근모　이명우　박대순
　　　　　박영춘　임　향　정진덕
　　　　　진진욱　홍계숙

이　　사　박달재　박연희　박영숙
　　　　　안숙자　오낙율　오병욱
　　　　　이만수　이한식　정윤숙
　　　　　최진만

중앙위원　강인숙　구춘지　김일성
　　　　　박화배　조재화

한강의 미학

초판발행/ 2021년 6월 21일
지은이/ (사)한국시인연대 박현조 외
펴낸이/ 김명덕
펴낸곳/ 한강출판사
홈페이지/ www.mhspace.co.kr
등록/ 1988년 1월 15일(제8-39호)
주소/ 서울시 종로구 우정국로 40-1, 4층(견지동)
전화 02) 735-4257, 734-4263   팩스 02) 739-4285

값 38,000원

ISBN 978-89-5794-477-6 03810

※저자와의 협약에 의해 인지는 생략합니다.